養心日月談

迎進正向能量，開啓靈性生活

李鳳山師父

【推薦專文】

從平甩，甩出知性、理性與感性

毛治國

李鳳山師父是武學大師。大家都知道他根據畢生武學修為，不僅為社會大眾歸納推出簡單易學、人人都能上手的「平甩功」；並且在廣大志工、以及「梅門」師兄師姐的共同推廣下，目前這一「地表上最容易鍛鍊的氣功」，不僅在臺灣南北各地，晨昏都可看到有無數人，不論是單獨或成群，在練四甩手一微蹲的平甩功；甚至出國到五大洲旅行，都會意外看到有人在練這一功夫。一問之下，沒有例外，都說是梅門曾到當地表演，除了節目很棒，讓人印象深刻外，更還因為當場向觀眾傳授了平甩功，所以就讓這門功夫從此在當地生根發芽、開花結果。

傳統武術原用在防身，但後來健身養生的意義遠大於防身。李大師了不起的地方在於：他不僅要讓他的一身功夫，傳給他的「入室弟子」（按：目前已有許多因罹患疑難雜症而拜入梅門的弟子們，因跟著李大師練功，而不藥而癒的事跡）；李大師心中更有大愛，還要想方設法，把他的武學精髓濃縮為人人可學可練的平甩功，再通過弟子與志工廣為傳播，讓這一功夫變成包括外國朋友在內的「全民運動」，來確保與增進每一個有心人與有緣人的健康。我們很高興看到這一效果已經在持續發酵中。

從養生與預防醫學的觀點看，身心靈是一體的，也就是「身體只是心靈的鏡子」的說法。李大師多才多藝，國學素養深厚，從創立梅門開始，就教導他的弟子們在練武的同時，也要由身而心而靈，達到術德兼修的標準。

李大師一本他不僅要獨善其「門」、更要兼善天下的一貫精神，再次把他平日教誨弟子們用來修煉知性、理性與感性的智慧語錄，分為「融入生活、真修實煉、心物合一」三大部分編輯成冊，定名《養心日月談》出版，以饗讀者。深信所有關心身心靈健康的朋友們，都可藉由李大師的開示，在練功的同時，也都能經由「由技入道」的心路歷程，而同登離苦得樂、身心靈一體健康的境地。

敬序於民國一〇六年春節

（本文作者為前行政院院長、交通大學榮譽教授）

【推薦專文】

隨大胸壑者，靈根再植

溫金海

當今是一個令人充滿憂慮的世界。

現代社會，普遍由經濟、科技、利權主導。都市人的生活，物質富饒，而精神迷惘；節拍緊促，而心無安處；資訊氾濫，而道德貧乏；刺激感官的玩意五花八門，而生命空虛。

凡事有因必有果，有果必有因（這絕非迷信，而是極平實、嚴謹、符合科學原則的道理）。我們的民族，約一百年前，因各種歷史原因，積極而持續地摒棄本身的傳統文化（儒、道、釋、文武等），全面引進「德先生」（Democracy 民主）、「賽先生」（Science 科學），卻忘記了「莫小姐」（Moral 道德）。這是我們百年來種的「因」，現今的社會現象，是因此而生出來的「果」。

中華文化是一株生長數千年的參天大樹。一九七四年，唐君毅老師旅港，有感於當時的社會狀況，深情而慨嘆地寫出《說中華民族之花果飄零》。四十年過去，這狀況似乎每況愈下。所幸中華大樹，雖被西風吹得萬竅怒號、花果飄零，卻根深幹茁、傷而不亡。

前因生出現果，已是事實，不管好壞，不能改變，只能接受而盡量處理；可是前瞻未來，我們可以在當下種植新的好「因」。

放眼細觀，在現今繁囂、功利的社會中，抱使命、發大願，為培養眾生身心靈，孜孜不倦無私傳法，成就清流的大德大能之士，實有人在。受啟發的眾生，起初從「學而時習之」以提升自己，進而投身傳道大業者，亦復不少，就如本書中說的，這個世界，到底是好人多於壞人！

李鳳山老師是此中的佼佼者。我多年前有幸認識「梅門」，偶爾親炙仁者，感受良多。他從武術而入，內外兼修，功力深厚，卻深藏若虛，平易近人；創辦「梅門」，普傳「平甩功」，早已載譽遐邇。他為拯救眾生慧命，接引不同根機，廣開方便之門，如養生、氣功、武術、餐飲、食材、茶藝、音樂、舞蹈、話劇、魔術、藝術、出版、國外交流等，不一而足。驟然看來，或嫌駁雜；細觀之下，皆有板有眼，只為和光同塵，都是正心、修身的殊勝法門。「梅門」者，「無門」也；「有生於無」，從此而覺，信焉！

鳳山老師誨人不倦，從不放過任何利益眾生的機會。多年前，於台中太陽電台，每日利用短短三分鐘時間，從日常生活中說出各種修行的道理，婆心苦口，於今結集成此《養心日月談》。承賜得先睹為快，欣然拜讀之，擊節讚嘆！

寫文章的都知道：作文難，作短文更難。言少而有物，且能打動人心者，更是難上加難。本集各文章，範圍廣闊，均娓娓道出，似隨手拈來，而從不離正道。其中主題，都是當今世人所困擾者；所言道理，深入淺出，通俗實用，更能啟迪人心，常引讀者發會心微笑。非胸中有大丘壑者，何能至此！

鳳山老師之所為，正是君毅老師所盼「靈根自植」的大工程。「梅門」在他帶領下，受益者甚廣，已植下千千萬萬株文化、生命的靈根善苗。「梅門」弟子眾將各據因緣，把師父的願、愛、法，在世界各地傳承下去，功不唐捐。孔子說：「德不孤，必有鄰」，因此祈望，中華民族的文化大樹，必將再現花妍卉燦、碩果纍纍，指日可待！

當今是一個令人充滿希望的世界。

謹呈此以為序，並向鳳山老師、「梅門」弟子眾致敬。

丁酉新歲寅日鶴山

（本文作者為國際經典文化協會主席）

【推薦專文】

我們需要像梅門這樣的文化軟實力

顧敏

《養心日月談》是一本好書，思維圓滿、語言真切、能量充沛。

這本書是「梅門一氣流行」暨「梅門文化基金會」創辦人李鳳山先生，多年前應台中太陽電台訪問時所收錄之即席對談及心悟所得。他從日常生活中食、衣、住、行、育、樂的種種親身體驗，及教導後輩晚生教學相長的經驗中，經過日復一日、月復一月、年復一年地不斷反覆摸索、持續學習、真誠探求、認真傳授，依據各種生活中「道」及修行實務，最終總結出了知行合一的康莊正道。

本人在擔任國家圖書館館長任內，有幸認識梅門這個團體，感於梅門李師父及眾多弟子的正義俠情及熱心慈愛，正是我們社會非常需要的一種文化軟實力。近年以來更有機會近距離觀察梅門所推出的各種公益活動，甚至親身投入其中，聊盡棉薄之力的同時，常常獲得身心愉快的真實感受。

自忖原因，「梅門」這個符號代表了中華傳統文化中「忠、孝、節、義」氣質的現代化，透過了通俗的吃、喝、玩、樂、育的具體生活方式，把中華文化有關人性的真、善、美，發揮到一個實實在在的高度及境界，很符合二十一世紀人類文明正向發展的需求，況且這高度及境界亦深受海內外及兩岸同胞的認同、喜愛和擁護。

梅門創辦人的睿智、忠勤、努力，在在於《養心日月談》這本文集中，清澈而有條理地呈現出來，故曰：《養心日月談》是一本好書，一本闡揚中華文化的經典好書，更是一本難得一見的普世好書！

二〇一七年一月十一日

（本文作者為前國家圖書館館長、二〇一二榮登世界名人錄圖書館學者、中華文化學術研究推廣教育基金會董事長）

【推薦專文】

可陪伴您轉變生活態度的脫困之書

李永然

在未認識李鳳山師父之前，我早已從報章媒體得知他教導「平甩功」。由於平甩功可通經脈、活絡氣血，又是一養生修心功法，令我留下深刻的印象。

因緣際會，有機會能認識李鳳山師父，更知他非常了不起！對弟子的教導不單是「平甩功」，而更將他日常生活中的體悟修行與深蘊內化的人生道理，用來教化弟子，幫助更多人認識自己，進而從「混沌」中「覺醒」，更成為健全且有用之人。

可貴的是，師父大慈大悲的胸懷，常常對一些陷入疾病、困苦的人毫無保留的付出，盡其所能給予幫助。而他也非常重視養生，在食安問題益形重要的現今社會氛圍中，廣推健康養生理念，藉著精緻慢品的素食餐廳，讓大眾在悠然的環境裡品天然食，養出「自在的身」與「自得的心」。

本書將李鳳山師父的智慧之語集結成冊，以生活、修煉、心物合一三大分類，教導如何修身以智慧明辨言語，覺察、自省、平衡身心，以德為貴、為先，老練圓熟後終究能安，而內在充實後自能常保不老。

在李鳳山師父眼裡，沒有無用之材，只要透過適當的引導都可改善。我因而建議想突破困境的您，藉由本書的閱讀啟迪，來轉變生活態度，重新建立自我價值觀。

（本文作者為知名法律學者、永然聯合法律事務所所長）

【推薦專文】

離「病」，從離「因」開始

李章銘

李鳳山師父的新作《養心日月談》，內容從人生的修養、到氣功體魄的鍛鍊，讓讀者領略到李師父在精神層次的另一境界。

「健康」——是一切醫學的共同目標，孫子有言「勿恃敵之不來，恃吾有以待之」，真正的健康絕不只是「無病」而已。健康的生活來自於認清疾病的來源，用知性與行動確實地將生活營造出一個遠離一切病因的清淨環境。隨著科技文明的進展，在各種感官受用追逐下，我們犧牲了很多物質與心靈上的清淨空間，具體的事實就是用我們的健康作為犧牲的代價，這些事實是各種內外環境交叉作用的結果。因此，真正的健康，不可能來自於一、兩種藥物或是手術方式就能達成，李師父的《養心日月談》能讓讀者透過更細微與更高的角度，來認識健康的追求；透過了解與實踐書中的內涵，對追求真正的健康，將有莫大的助益。

（本文作者為臺大醫院外科部胸腔外科主任、臺大醫學院外科教授）

【序】

任誰都能進步

各位看官 吉祥如意。

此書乃平時與學生閒聊而來，不足為外人道也。但有好事之學，總覺希讓更多人了解吾等聊些什麼！

於是慎重湊合一下，集結成書，以更拉近吾等之間的關係。若有認同，亦請延深更甚之內涵，令能學知；若見疏失，懇請海涵，更待賜教。

俗曰：「雖不知酒中沉漿，亦能領水中三昧」，如今世風多變，亦抱持「入俗而不易初，合群而不屈志」之心境，再如何之混淆還能步趨進展。當然，任誰都需進步，也都能進步，吾始終有此看法，亦一貫的把握著「覺」——從覺醒到覺察，到覺知，以至到覺悟，不使其生幻覺，更不使有錯覺。此等操守真尚和而不自卑、尚高而不自貴是也。

謹記與君共勉，能見於斯，再度敬謝不棄。

並祝

大圓滿

養心日月談之序

李鳳山師父
養心日月談

卷壹

融入生活

梅門一氣流行

語言之智

聽師父日月談
掃描 QR Code

言語就是說話。有句話說：「言語像一把利箭，只要射出去，就收不回來了。」

古人曾說：「言則道不成，多言必為害。」穆罕默德也說過：「不要在背後講你的朋友，甚至於你的敵人，道他們的長短。不過，當你保持沉默，得來的結果是危害時，該說的還是要說。」

有時候沉默是金，有時候沉默是怯懦，這些都是不好的、莫名其妙、不為人知、不願意表達自己、或不敢讓人家了解你的表現。所以，當說的要說，不當說的不說；不了解的不要說，了解的也不要不說。

我父親教導我：「不該說的，說了是失言；該說的，不說是失職。」要清楚自己有沒有失言、或是失職？不要老是活在失言跟失職裡，永遠找不到平衡點；最重要的是，我們要知道自己究竟要做什麼。

許多人湊在一起，每天不知道要做什麼，只有月初領薪水最快樂，月底花得差不多的時候，感覺就沒那麼喜悅，就是在混日子。我們要覺悟到這點，不斷地反省自己。

不管做什麼事情，都要去想：所有的行動、說出來的話語，是不是對旁邊的人有所幫助？這些人得到幫助以後，是不是對社會上所有的人都有幫助？是不是對全人類都有幫助？當這個幫助實際發生之後，它的效應是否能夠持久？這一切，都是我們必須去思維、提醒自己的。如果能確實掌握自己的良知良能，自然所有的行為就有分寸了！

李鳳山師父修養心法

不該說的，
說了是失言；
該說的，
不說是失職。

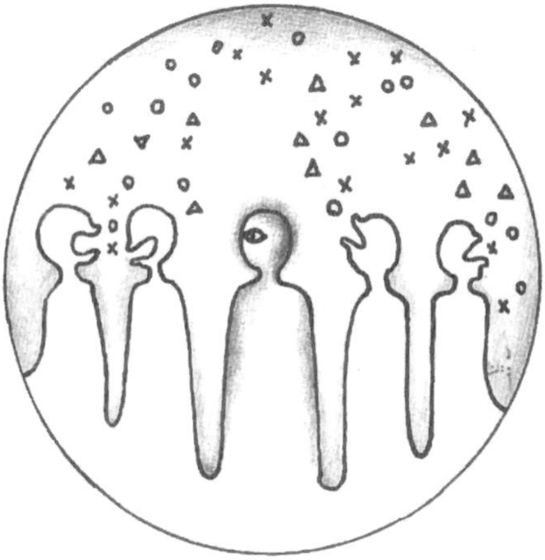

面對轉換

聽師父日月談
掃描 QR Code

有位朋友非常喜歡登山，二十幾歲的時候精神體力都很好，幾個朋友吆喝一聲，揹起背包立刻出發，從來不需要什麼準備。到了四、五十歲，體力不如從前，登山之前的一個月，就要開始進行體能訓練，每天下班後跑五千公尺鍛鍊體力。如此練習一個星期，才有勇氣去登山。

後來，這位朋友開始學氣功，一段時日後，又有了一次登山的機會，原本他想如常進行體能訓練一星期，但這一回，他決定突破自己，把跑五千公尺的時間花在鍛鍊氣功上，就這樣堅持了一個星期。結果，在那次登山過程中，他發現自己後勁十足，連常犯的高山症也完全消失了。

人在不同時期，身心都要經過轉換，每一次的轉換都是突破的機會；只要勇於突破，通常轉換的過程，身體機能與思想領域都會有所改變。如同我們一般處事時，若是碰到瓶頸，也就是冒險的時機到了；只有通過冒險，才能真的突破。只是要注意，碰到冒險，若事先有所準備，就能不在意，但不要去找那個險冒，這就是明哲保身的道理。

《易經》開天闢地有兩句話，所謂「物極必反，否極泰來」。這兩句話多麼通俗！如果我們做事多在這兩句話上下功夫，自然很多事一到節骨眼，該放、該收，心裡明明白白，也就不會把自己逼到死角了。

每一次轉換，
都是突破的機會。

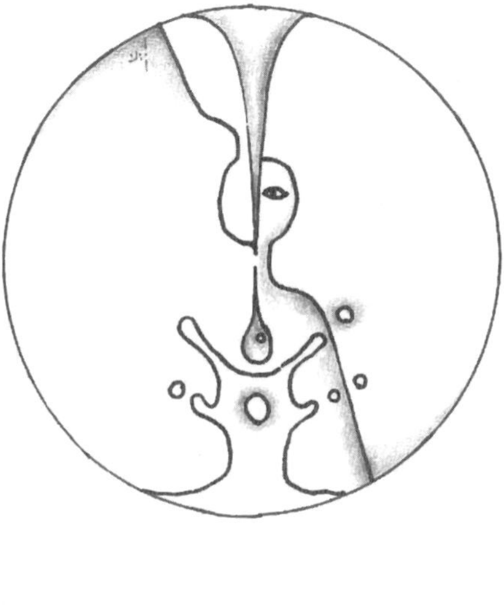

培養正氣

聽師父日月談
掃描 QR Code

以前在學校讀書時，很流行騎腳踏車，所以偷腳踏車的事件也很多。有一次，我跟幾個朋友在外面，走著走著，看見一部腳踏車倒在路旁，我很快地走過去，把車子扶正。這時，馬上就有人跟我說：「喂，你千萬不要去扶，人家看到了，會說你在偷車啊？」

像這種問題，我有兩種心態，可以讓大家參考。

第一，我從小就充滿正義感，喜歡路見不平、拔刀相助，一直到今天還是這個脾氣。所以，在處理事情時，不要鬼鬼祟祟、猶豫不決。只要一猶豫，再去做就不漂亮了，以這件事為例，人家可能真的以為你是要去偷車。所以，我當下是直不籠統的，一看到，連想都不想，提起來就往那兒一放，不假思索，正氣凜然！用直觀做事情，總歸不會有事兒。

第二，我從小練功，聽到別人那麼一說，心裡就想：「誰敢說我在偷車？」講一句俏皮話，「試試看！」我的脾氣一向都很直，但這可不是每個人都可以做到的，還是要考量、考量。

因此，當我們根本沒有不好的念頭時，沒必要害怕，有句話說「一正避百邪」。當然，這個世界，有的時候，邪的不一定是邪，正的不一定是正，往往都是正呢，正不到家，邪也邪不到家。所以，如果自己正不到家，想去對付那個邪，怎麼對付呢？當然沒辦法。不知各位是否有這個經驗？所以我們自己要加把勁，落實身心的鍛鍊，把浩然正氣培養起來，做一個正義、耿直的人。

李鳳山師父修養心法

落實身心鍛鍊，
培養浩然正氣。

落實信仰

聽師父日月談
掃描 QR Code

有一個人聽說濟公很厲害，便跑去找濟公：「我非常景仰您、相信您、敬佩您！」

濟公就問他：「那你有什麼打算？」

這人說：「我想供養您，您可不可以跟我到我家去？」

濟公一聽，把屁股一挪，露出底下的石頭，說：「這樣子好了，你既然這麼景仰我，把這塊石頭搬回去。」

這人很吃驚，問：「我把石頭搬回去幹什麼？我要供養的是您啊！」

濟公回答：「把這石頭搬回去供養啊！你供養這石頭就像供養我一樣，這是我說出來的話。你不是相信我、景仰我嗎？我叫你把這塊石頭搬回去，你怎麼沒有聽我的話呢？你到底相信的是什麼？而且，我到你家去還要吃喝，你得花錢侍候我；把這塊石頭搬回去，既不需要吃喝、不用侍候，而且供得心安理得。」

從這段故事，我們可以知道，很多人都有這個毛病。到教堂去，看到耶穌的像；到廟裡去，看到釋迦牟尼佛的像，都非常虔誠，可是回過頭來，心裡真正相信的到底是什麼？很多人為什麼迷信？他拜偶像其實沒有錯，可是一回頭就把神給忘了，到最後，甚至把人也給忘了！當這個神沒辦法滿足他的祈求，說不定還把那偶像給燒了、砸了！

其實，崇敬偶像的目的，是讓我們見祂如見神。就好像我們跟某人感情深厚，看到對方的照片，想到這個人，好像看到這個人一樣。偶像是要讓人時時警惕、有所感念，還要懂得感恩，這樣才會相互輝映，而達到心心相印的效果。千萬不要迷信宗教，要懂得什麼是真正的信仰！

真正的信仰，
非迷信宗教。

前瞻後顧

有句話說：「同氣相投。」意思是什麼樣的人，就多會碰到什麼樣的事。孔子也曾說過：「斯人也而有斯疾也！」這句話很耐人深省——就是什麼樣的人，就會得什麼樣的病。舉個例子，怪人的怪事特別多，喜歡偷拿別人東西，也會遇到自己的東西常常被別人拿走。

聽師父日月談
掃描 QR Code

有一位主持人跟我講過一個故事。他說，一位朋友載太太去捷運站坐車，他太太下車時，把手提包忘在他的機車上，等到想起來，已經過了半個多小時，她非常慌張。可這位先生說，已經過那麼久，該掉的早就掉了，現在慌張也沒用。他說：「如果我們平常做人，堂堂正正，從來不侵佔別人東西，這東西擺在那兒，即使再像個寶貝，看起來也不會顯眼。」結果，過了好幾個小時，等他們回去時，東西果然還掛在那兒，真是不可思議！

類似的事情常常發生。比方說，有的人已經起了貪念，就會碰到更貪婪的人；本身行得正，自然容易遇到「正」常的事。

其實，有的人容易掉東西，就是因為太不小心了。我常跟學生說，人要有「後顧」的習慣。平常思維，隨時隨地懂得回顧，多注意一下，就更有把握，不會輕易落下東西。「後顧」是為了能夠「把握」；養成後顧的習慣，還要懂得「前瞻」，前瞻是為了「掌握」。經常保持「前瞻後顧」的習慣，不但不容易掉東西，做事情也更紮實，一環扣一環。所以，我們除了行事小心，平常也要前瞻後顧，才能環環相扣、氣氣相投。

李鳳山師父修養心法

前瞻是爲了掌握，
後顧是爲了把握。

矢志再生

四季，就好像人生——所謂的「一日之計在於晨，一年之計在於春」，所以，春季主要著重「發展」。在宇宙、大自然來講，此時所有東西都開始生長；在人性領域，同樣是注重發展，我們可以趁此時節，把人格與志向，全面性地發展起來。

有句話說：「一年之始不犯殺。」春天時最好不犯殺氣，

聽師父日月談
掃描 QR Code

也就是不要有毀滅性的動作和思想，反而要製造「矢志再生」，使人們的志向盡量地朝向「生」——「生生不息」的「生」，在「生」上面下功夫。

尤其是在春天，一定要把仁心仁術、仁者的風範發展出來。就好像我們講「醫生」——「醫」者，「生」也；「醫」的目的，就是為了「生」。要不斷地保持「生生不息」，這就是春天最好的養生之道。

事實上，不只是醫生，凡是人，都得具備仁心仁術、仁者風範。原因在哪裡呢？因為，當人從「仁」心裡，整個人格都發展起來時，他的「心術」就正了。從仁心仁術裡頭發展起來的「正」，太重要了，不但可以助我們趨吉避凶，同時這一整年的運氣，都會不斷地好起來。

一年的開端很重要。開端如果沒有掌握住，這一整年都會不對味兒。有句話說：「環環相扣，才不會節節敗退。」就是指一個人若每一個環節都扣不上，處處在疏忽狀態，便很容易傾倒、敗退；反之，若能處處保持謹慎，當然便能平步青雲，這就是「環環相扣，而後生生不息」的道理。

李鳳山師父修養心法

發展仁心，
守住正氣；
趨吉避凶，
好運連環。

說到做到

聽師父日月談
掃描 QR Code

常常有人問我：「李師父，為什麼您『說』到什麼，就『做』到什麼？到底是怎麼辦到的？」我說：「這難嗎？其實每個人都可以做到。第一，要保持善念；第二，要處處虛心；第三，要不斷行動！」

在一年之始的春天，要去製造「生」與「發」的意境，也就是關照怎麼樣「生」、怎麼樣「發」？「生」，就是生生不息；「發」，就是發展。古代醫書《素問》說：「生而勿殺，予而勿奪，賞而勿罰。」此即春天的對應之道。

所謂「生而勿殺」，就是不管對人、對事、對物，秉持互相珍惜、互相鼓勵的心境，落實在「你生，我也生」的行動上。

「予而勿奪」是什麼意思？「予」就是給予，也就是捨；尤其在春天，最好先養成「捨」的習慣，到了夏秋冬，才會有所「得」。「捨」什麼呢？不是捨別人，而是捨自己，這就是最好的耕耘。

「賞而勿罰」，就是在「賞」上面下功夫，而不在「罰」。

如果我們動不動就罰，結果可能缺德了。缺德不能入道境，也不用再談什麼養生之道了，本來運氣不好的，到後面可能就更不好。但是，如果我們能做到「生而勿殺，予而勿奪，賞而勿罰」，到最後，運氣好的會更好，本來運氣不好的，也都會變好，這都是秘訣。

總之，在春天要保持喜悅。尤其天地的變化，正一點一滴地明朗化，天、地、人之間正在形成一個良好的互動與循環，人也應互助合作，把握良機、創造時勢，進而與宇宙合而為一。

李鳳山師父修養心法

保持善念，持續行動；
處處虛心，說到做到。

順利更年

聽師父日月談
掃描 QR Code

衛福部做過一項調查，用電話訪問一萬零六十八位母親，發現她們擔心的問題依序是：疾病纏身、體能變差、思考及記憶力衰退、體重漸增、容貌改變、信譽降低。這些問題，基本上都與更年期有關係。

人跟大自然一樣，每隔一段時間就會轉換，也就是俗稱的

「更年期」——女人有女人的更年期，男人也有男人的更年期。「更年」是什麼？就是若能「更」得過去，就更新了；「更」不過去，就會更加老化、衰敗，之後再怎麼換，也換不過來。所以，「更年期」在人生的發展上很重要。

中國人說：「十年河東，十年河西。」代表每過十年，就有一個更年期，並不是四、五十歲之後，才有更年期。

轉換、更年是自然現象。如果想轉換順利，要問問自己平日累積的是什麼？常言道：「謹者必平，疏者必傾。」意思是說，一個處處疏忽的人，終究一敗塗地；一個隨時保持謹慎、小心翼翼的人，累積到最後，自然能平步青雲。平時保持審慎，持恆鍛鍊、正向累積，到了任何心智及體力的轉換期，都可順利銜接，否則就容易出問題。

如果得法，在更年期加強鍛鍊，必能轉換過來，不會渾身毛病。就女性來講，更年期時還要把母性顯現出來，發揮愛心、慈悲心，不僅可以轉換自己、轉換身邊的男士，更可以母「移」天下，轉換天下的人！

李鳳山師父修養心法

平時保持審慎，
自然平步青雲。

追求真理

聽師父日月談
掃描 QR Code

從前孟子問學生：「真理與生命都很重要。如果兩者只能擇其一，你們是選真理、還是生命呢？」

同樣的，我也問過學生這個問題。結果有人選擇生命，有人選擇真理，也有人說：「如果沒有生命，哪來的真理？所以我當然要選擇生命。」乍聽之下好像很有道理；甚至有的人生命和真理兩者都要，可是萬一魚與熊掌不可兼得，怎麼辦呢？

對此，孟子說，當生與義兩者不可得兼時，捨生而取義也；也就是說，我們寧願捨掉生命，也要取得真理。

想想看，如果全世界的人都為了追求生命，而不顧真理，這個世界一定會亂，到最後，所有的生命都沒了！如果每一個人都能夠小心謹慎、步步為營地在真理上勤下功夫，全世界的人，一定會得到生命！

基本上，不管人追求哪一個領域，數學、科學、化學也好，再怎麼精打細算，還是追求真理最重要！當我們尋求真理時，就能夠將生死置之度外，於是心境灑脫，該怎麼做也明白了，馬上可以下決定。

有句話說：「當機立斷是成功的基石，優柔寡斷是失敗的主因。」當我們培養出當機立斷的能力，循著真理走，絕對不會出毛病。如此一來，永遠保持在大事化小、小事化無的狀態，於是能夠邁向成功之路！

李鳳山師父修養心法

尋求真理，當機立斷；
大事化小，小事化無。

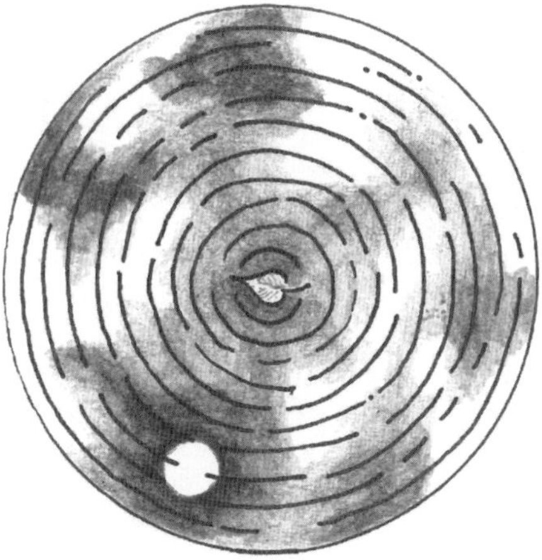

人生使命

聽師父日月談
掃描 QR Code

什麼是「人生的目的」？從表面看，人類社會的各行各業，好像很多元化，其實，每個人的志向和目標都差不多。怎麼說呢？如果一個人不了解什麼是「生」，對於所有的緣分、所有事物的起源，以及人與人之間的接觸，就不知道為何而來、為何而去？不過，也不需要特別去注意生從何來、死往何去？我們生了以後，最重要的是當下覺醒——現在該做什麼、該怎麼落實？當下都能夠釐清。

古人有謂：「來說是非者，便是是非人。」相對的，愛聽是非者，事實上也是個是非人，因為他會傳播是非；也因為他愛聽，所以人家當然愛說，造成了一個是非的社會。雖然我們會聽到別人說是非，但是當下能夠釐清，如此一來，自然知道生的時候要做什麼？就算死，也知道何去何從。

每個人生來的使命不一樣，不能勉強，要懂得如何順著緣走。也許，我的使命是來掃地，你的使命是來研究電腦，表面上，兩個現象天壤之別，其實，就整個宇宙而言，兩者是平等的，沒有高低貴賤的分別。

從前，中國人有一套學問，士農工商本身都是使命，該士則士，該農則農，該工則工，該商則商。其地位各有平等性和平常心，只不過事業領域不同，而形成了社會。可是，如果士者偏要從商，或商者偏要務農，農者又想當官，社會就亂了。所以，如果我們能夠秉持古人的道理，分工合作，各盡本分，而且保持平等性跟平常心，這個社會就能運作規律了。

李鳳山師父修養心法

人生使命各不同，
順緣而走無高低。

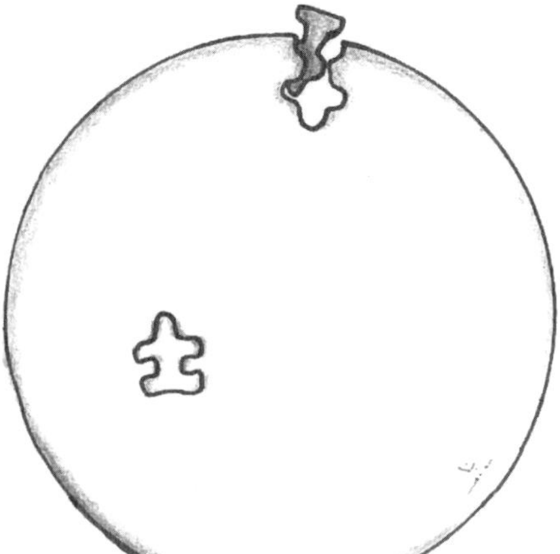

生日意義

聽師父日月談
掃描 QR Code

每個人都有生日。有一位學生說每年生日時，他都會提醒自己，生日是母難日，應該要多發願，期許未來一年該如何如何，可是常常都是說得多做得少。

我從小不太過生日，因為覺得是母親受苦受難的日子。但從整個人生的概念來看，生日既是小娃娃新生的日子，對於母親來講，不也是重生的日子嗎？因為從前生產，可以說是性命交關，能夠度過這個大難關，也算是獲得重生，更能夠體會生命的可貴！所以，兩邊都是生，一個是新生，一個是重生。

後來，我發現一個奇特的現象：如果對於過生日這件事情躲躲藏藏，到最後，真的想發願做點什麼事情，會始終沒辦法真正付諸行動。因為當我們的基本心態是在躲藏，怕人家知道自己過生日，也不想張揚，不管生日許下什麼宏願，做不做也只有天知、地知、自己知，很容易喪失原動力，以致於到最後不了了之。

自從學生們發心，秉持著尊師重道的心境，幫我過生日以後，慢慢地，周遭的老一輩、年輕一輩、小孩子們，大家都在一塊兒過生日，一起了解什麼是心的動力。不管發什麼願，都懂得為全人類著想，而不是為自己著想。發願以後不是說一說就算了，一定要付出行動，更加落實，做一些對社會有意義的事情，讓生日更有意義！

李鳳山師父修養心法

不管發什麼願，
爲全人類著想，
不爲自己著想。

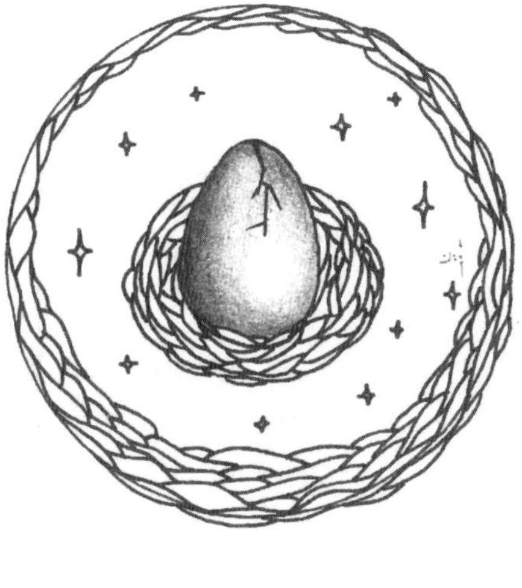

廣義之愛

聽師父日月談
掃描 QR Code

有人問，什麼是愛？愛，不只是男女之間的感情才叫愛，慈悲心、愛心、良心，這些其實也都是愛。

什麼樣的人，才算是有愛心呢？第一，有定心；第二，有耐心；第三，有誠心。這些特質全加在一起，才算是真正有愛心。如果對人有偏見、對事有偏心，就不算真正有愛心，只是一種偏執之心。

我曾寫過一首講「愛」的歌曲，歌詞是：「愛你鄰里，如同愛己，仇恨無法止息仇恨。一日不見，如隔三秋；廣愛萬物，天地一體。心中有主，主愛我們，愛令一切過錯消失。神愛世上所有的人，人應憐憫所有生物。愛的力量，深入我心；遵守戒律，令我完美。讓人喜悅，神來拜訪；神的象徵，洗去不潔。熱愛，熱愛，熱愛，熱愛！」熱愛什麼呢？熱愛整個宇宙！

人與人之間的愛，表現在默契；不到默契，不見真情。不在一起的時候，各自獨立；在一起的時候，互相珍惜。

如果人與人之間，不在一起的時候，心裡有怨；湊在一塊兒，又心生不滿，不是鬥嘴，就是鬥氣，那是永遠鬥不完的冤家。可是只要其中一個人把嘴閉上，不但嘴上不鬥，心裡也不鬥，沉住了氣，這個人當下也就成功了。

李鳳山師父修養心法

真愛表現在默契，
分開時各自獨立，
相聚時彼此珍惜。

愛之忠誠

聽師父日月談
掃描 QR Code

各位有沒有談過情、說過愛？什麼是愛？什麼是情？什麼又是愛情？當我問大家：「這個世界可不可以沒有愛情？」幾乎所有的人都覺得不可以。這是為什麼？我們又怎麼看待愛情呢？

很多人聽我講愛情，會疑惑：「您不是修行人嗎？怎麼不是引經據典，反而談起世俗的話題？」其實，哪有什麼敢或不敢的，只要是該講的，都得講！別人不談政治、不談愛情，我們談，沒有什麼不能談，就看怎麼談。子曰：「吾道一以貫之。」所有的事情，都是相關連的。

有一位法國文學家說：「美的愛情，集結了很多的衝突，但還能保持忠誠，這是最好的愛情。」仔細想想，這句話有道理，也不失道的觀念。不管愛也好、情也好，怎麼可能沒有衝突？只不過是小或大。

我們從這個觀點來看，兩人之間是一個小衝突，整個家庭是一個大衝突，整個團體也是一個衝突，處處不都有衝突嗎？

但回頭來想，這不也都是一種愛情的關係嗎？重點是，我們如何在任何的衝突下，還能繼續保持忠誠，而不是受到打擊時，便失去了忠誠，學問就是在此！一個東西大到無限、或是小到無限，都是看不到的。天下的道理都一樣，就怕小，小不下去，大，也大不起來。

那我們要怎麼修呢？就是帶著大家，「大，大到無限；小，小到無限！」這些話，您如果聽懂了，就會覺得很喜悅；聽不懂，就只能發楞了。只要您感覺喜悅，處處都在成長，也就當下提升了！

李鳳山師父修養心法

美好的愛情是，
不管經歷多少衝突，
始終保持忠誠。

快樂禪機

聽師父日月談
掃描 QR Code

怎麼樣才能快樂？您覺得快樂嗎？

中國字藏有很多樂趣，我常喜歡在字眼上轉過來、轉過去，琢磨各種意思。比方說，「快樂」這兩個字，一般人來看，再簡單不過了，就是高興！可是，大家有沒有想過，因為「快」而不「樂」的現象？有時，我們因為求快，反而不會達到樂趣，所謂「欲速則不達」，就是一個例子。當然，「快」字也有另一個不同的說法——當心中非常愉快，就會感覺有樂趣；因為有樂趣，速度自然變快了！

所以「快」字用在不同的地方，就產生不同的意義。此外，把「快樂」兩個字倒過來，變成「樂快」。俗話說「樂極生悲」，如果我們樂極了，也就是過頭了，最後，說不定還是不愉快。

有個人聽我說「樂極生悲」，也觸類旁通地聯想到「悲生極樂」。他感受到的意思是，慈悲才能讓我們到達西方極樂的淨土，這種聯想也蠻有意思。

所以，說到快樂，當我們的內心愉快時，當然會樂趣橫生；

但，我們還要感覺另外一個層面，就是，如果一心求快，說不定會得到不樂的結果。當然，更深一層去體會，當我們在不快的領域之下，是不是也能在其中得到無限的樂趣呢？這種種意境，我們都要去掌握。

中國字充滿了許多奧妙跟禪機，樂趣無限！大家不妨多推敲。

李鳳山師父修養心法

心中愉快，自然會樂；
因爲樂趣，自然變快。

教養之道

聽師父日月談
掃描 QR Code

每逢考季，許多年輕朋友都面臨選科系的問題，不知道自己的志向、興趣所在，也不知道喜歡什麼科系，不但年輕人傷腦筋，父母也跟著傷腦筋，到最後，常常是一窩蜂地跟著別人走。這種現象，不只反應在選科系上面，也反應在生活的許多地方，跟父母從小對孩子的教養方式有很大的關係。

小孩子的心智並不成熟，試問，有幾個孩子從小就知道自己的志向？我們聽過多少小朋友說將來想當總統呢？可是認真去看，真的有幾個人能當總統？所以，孩子的未來，都看父母如何去教育、引導。

我們知道，每個人的腦子不一樣，擅長的領域也不同。父母不必讓孩子跟別人比較，要仔細觀察孩子的興趣與專長，看他哪一方面比較好，好好地鼓勵，讓他繼續好下去。當好到相當程度以後，根基就穩固了；等到根基穩固，慢慢地，枝、幹、葉、花、果，就通通長出來了，這時，其他方面也會開竅，一點一點地，都能夠去琢磨了，這就是一通百通的道理。

家長們千萬不要急，要耐心地引導著孩子成長。我們說：「一項能，樣樣能。」就像練功一樣，「一竅通，竅竅通」。只要不停，就是快，時候到了，自然就開花結果！

李鳳山師父修養心法

見人好處，多多鼓勵，
時候到了，開花結果。

改名改心

聽師父日月談
掃描 QR Code

有人總習慣說：「完了！糟了！」其實，這些話不能多說，說久了習慣成自然，就成真了。

每一句話，甚至一個字都有它的力量，這就是所謂的「咒語」。一般人說下咒、咒人，都是負面的，但它其實是中性的，就看我們講話的心態。

說句實在話，天下最厲害的咒，不外乎是自己的名字。我們從小，時常被人問：「你叫什麼名字？」自己也這麼叫自己，簽名也那麼簽。所以，天下沒有一個咒語比自己的名字更貼切，因為它是跟一輩子、根深柢固的。我們也許什麼都會忘，但就是自己的名字很難忘。

所以，如果你不喜歡自己的名字或綽號，一定要轉念頭，要不然，不喜歡的名號，為什麼要去喊它呢？或是別人叫你，你不想應，又不能不應，心裡就會有衝突。要轉換念頭去化解這種感覺，一則是跟別人講清楚自己的名號，一則是要對自己的名號充滿喜悅。

每一個名字都是長輩、父母取的，一定跟自己有很大的因緣。如果我們介紹自己的名字很喜悅，別人也會聽得很喜悅，這就是最好的轉換！如此根深柢固之後，就像下咒一樣，處處都往喜悅的方向走。所以，改名不如改心，心一改，必然蒸蒸日上！

李鳳山師父修養心法

轉換念頭，充滿喜悅；
改變心境，蒸蒸日上。

智生於慧

聽師父日月談
掃描 QR Code

有一次，學生們談起「月全蝕」跟「雙彗星」，即俗稱的「掃把星」。大家都覺得好像很不吉利，但我的想法跟別人不同。

掃把星既然可以掃走吉利，也可以掃走凶煞！所以，我們不要總往不好的地方想，要往好的、正面的地方去想。彗星的彗字下面加個心，就變成了智慧的慧，這表示，只要我們多用點「心」，結果都會不同。所以遇到雙彗星，更要多用心。

當我們遇到不好的事情，保持鎮定與冷靜，自然能順利度過；遇到好的事情，要避免過度快活，以免樂極生悲。天下的事情都一樣，不管遇到凶事還是吉事，只要能夠保持穩定，多用點心，處處警惕，就可以平平順順！

日蝕、月蝕也有警惕作用。這些現象告訴我們，就算是在大白天，也會有黑暗的時候；在晚上，有全黑、伸手不見五指的時候，但只要有月亮，還是有一線曙光。這些都是大自然給我們的警惕，就是要讓我們秉持著大自然的原理去走，才能夠像《易經》上所說「物極必反，否極泰來」，始能從中顯現自強不息、而後生生不息的功夫。

我們講「智慧」，慧生於智，智生於慧，智與慧一定要合併起來。智，一個知字加一個日字，就是知道日的變化。您什麼時候知，什麼時候就有智？不知，就失去了智。慧是一種行為、一種行動，它來自於我們的智力。當我們的智力具足時，不管是行、住、坐、臥，都能夠貼切，這就是智慧的顯現。智與慧要在一起，才是完美的結合。

李鳳山師父修養心法

無論歹事或吉事，
保持穩定多用心，
處處警惕保平順。

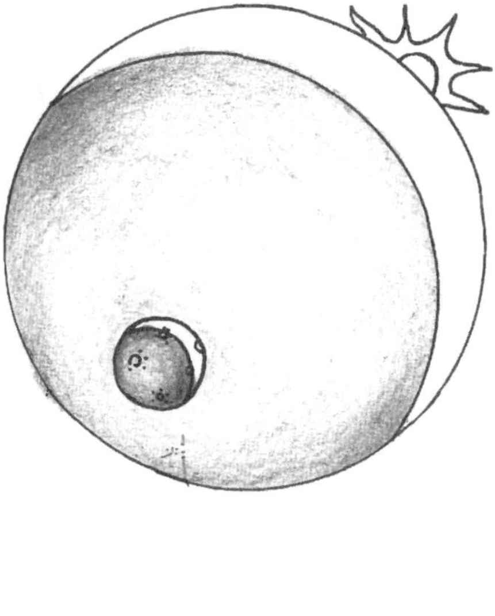

仁義之心

聽師父日月談
掃描 QR Code

有人曾問：「我們要如何幫助一個大壞蛋？」什麼叫「十惡不赦」的大壞蛋？其實，這個世界無所謂十惡不赦、也無所謂大壞蛋，這些人都是被逼出來的，甚至於，是被人歌頌出來的。

舉個例子，當我們發現孩子有什麼好，經常去讚賞他的好，他自然就會順著這個好，一直發展下去。可是如果孩子突然犯一個小錯，我們便老是對這件事耿耿於懷，時常嘮叨，孩子就會累積這種心態，長大以後就不得了了！

所以，我們要懂得一種感覺：就算有些人做很多惡事，大家在字裡行間，要懂得去開導，而不是一味地給他壓力。為什麼呢？人最怕做困獸之鬥，許多兵法裡面都透露著一種仁義精神，如《孫子兵法・軍爭篇》提到的「圍師必闕」。也就是說，當我們圍剿敵人時，千萬不要把四條路都堵住了，只能堵三條。不管我們怎麼攻打，都要留一條生路給別人，一則以讓人能夠逃生，一則以讓別人選擇，是不是要打下去？最主要的觀念，是在於替別人著想，因為當別人做困獸之鬥時，自己也受不了。不管再怎麼樣，我們一定要存著一股仁義之心。

但是，當我們講「惻隱之心，人皆有之」，後面還有一句話：「可貴，但不可信也。」我們對惻隱之心，一定要謹慎，以免從中受累上當。所以，當我們遇到惡人時，不要趕盡殺絕，還是要為人留個後路，並相信人都是會醒的，這才是仁義作風。

李鳳山師父修養心法

替人著想，心存仁義。

企業精神

聽師父日月談
掃描 QR Code

什麼是企業人的精神？談到企業，事實上我是外行；但是一個真正有修養的人，真正懂得修德、修行、修道的人，處處都像在經營、管理一家企業，處處都像一個企業人。

以修行的觀念來談企業，首先就是「企」的問題，也就是「氣」，一氣流行的氣、氣功的氣。說起事情、做起事情直接了當，這就是一氣流行！除了自己一氣流行，還要跟所有的同事保持默契，大家才能一氣呵成，把所有的事情做好。

以「業」來講，我們除了為自己，也要為別人。當然，每個人都有為自己的時候，很少人從來不為自己。為自己並沒有錯，只是怎麼「為」？而且，當我們有了「獨善其身」的方法之後，如果能夠把這一套方法，告訴所有的人，不就成了「兼善天下」了嗎？這就是「業」。當我們懂得讓自己健康、以及怎麼去賺錢的時候，把這個方法，告訴所有人，就形成一個廣業的精神。有了廣業的精神，也就是一個人有道德的本事；有道德的本事，我們才真正地開始積德。

要想讓企業順利，自己一定要先順。怎麼順法？在「氣」上面下功夫。每日運運氣，身心兩受益；要想運氣好，氣要自己運。有一句話講，「天機不可洩漏」，事實上，天機處處都在洩漏，只看每個人能不能掌握住機會罷了！

李鳳山師父修養心法

每日運運氣，
身心兩受益。

工作義務

聽師父日月談
掃描 QR Code

工作是人人應盡的義務，每個人都不能不工作。但是，我們會發現，有些人的工作卻談不上義務。

還記得好些年前，南亞大地震引發海嘯突擊，許多人因此喪生。那些住在海邊的人們，靠海吃飯，吃海裡的生物，用海裡的資源，靠海洋賺取觀光客的錢；可是相對的，對大自然有沒有盡到保護的義務、甚至保持相當的尊重呢？大自然的力量是多麼地大，一次反撲就讓人吃不消了！這個現象難道不足以發人深省嗎？這些海邊居民固然善良、老實，仍是不夠的。一個人若不懂尊重、不知長進，卻想一輩子白吃白喝，天下哪有那麼好的事？天災早晚還是會來，甚至來得更厲害！這就是自然的道理。

工作這件事，每個宗教都有大同小異的說法。佛教說，一個努力精勤的人終究有好報；儒家說，仁者先事而後得；基督教說，一切的辛勞都是有益的。

有些人看到我的身邊有許多學生，非常羨慕，但是這所有的一切都是自己掙來的。有人問我：「你能不能教我怎麼做？」我說：「沒問題！就是自己先低頭做事，什麼都不想。不求名，不求利，所有的一切，該來的就來了。」如同道家的「無為而治」，佛家的「空中生妙有」，儒家的「無中生有」，這就是所謂的「無求而得」。

一位仁人君子，必先苦幹實幹，然後才能得，否則不敢得也。我們每個人要自問：「我是不是一個努力精勤的人？」千萬不要怕辛勞，我們要相信，一切的辛苦與勞動，到最後都會非常有意義。

李鳳山師父修養心法

努力精勤，低頭做事；

懂得尊重，無求而得。

李鳳山師父養心日月談

卷貳

真修寶煉

梅門一氣流行

循序漸進

聽師父日月談
掃描 QR Code

現代人分秒必爭，凡事講究速度，即使是練氣功也希望能快速見效，最好是兩、三次就能改善身體狀況；或是老在琢磨吃什麼，靠別人打通這個脈絡、那個穴道，甚至是花錢買什麼工具來鍛鍊。不用親自練習，就可擁有一身的功夫、得到健康的身體，天下哪有這等道理？

修煉身心當然有走捷徑的方法，但是談何容易！走捷徑非常危險，需要時刻有明師指點、引導，否則會出毛病。像有些人練習斷食，光靠自己苦練，練得面黃肌瘦、兩眼昏花、上氣不接下氣，最後也只好放棄了，這都是沒有明師指點、方法不當的緣故。走捷徑的危險，不是一般人可以輕易嘗試的。常人鍛鍊身心，一來必須得法，二來還是要靠自己腳踏實地，循序漸進地練習。

氣功養生是從身到心，由內而外，是一項循序漸進的功夫。我們必須先將身體調整到平衡狀態，才能培養心境平和的功夫，進而達到靈性提升的境界。這個過程，不是一蹴可幾，得要個人用功、持之以恆才能見效。

每個人因為體質不同，練習氣功的效果各有差異，但是只要肯撥出時間，跟隨師父所教導的動作去做，不用多久，就會有所體會了。如果能夠每天至少花半小時聚精會神地練習，身體每三天會有一個小汰換、七天會有一個大汰換；如果還能專心擇一功法，天天練習，持續一百天，效果更加明顯。各位是否感覺到快而易？那是因為得法，這都要自己去鍛鍊，才能夠有所體會。

李鳳山師父修養心法

從身到心，由內而外；
循序漸進，日久見功。

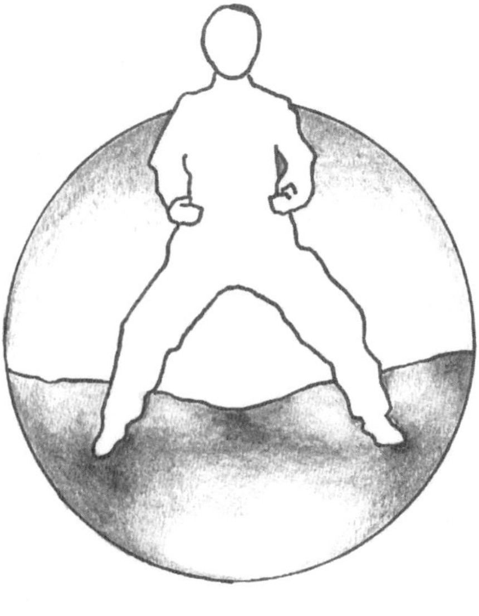

經絡感傳

聽師父日月談
掃描 QR Code

有一回上廣播節目，一位聽眾朋友問我，她說右肩後背上有一個點，常常酸痛，有時會酸痛到整個手臂都沒力氣。有一次感冒之後，只要提重物、或是緊張，呼吸就會喘，她不知道這是怎麼回事？

她的這個現象，我們可以從整體來探討。什麼現象呢？就是我們有時候可能因過度疲勞，於是積勞成疾；積勞之處如果壓迫到神經，有可能造成四肢無力的現象。所以各種症狀其實是一體連線的，這就是所謂的「經絡感傳」。

經絡感傳，好則好之，壞則壞之。我們說：「一通百通，一堵百堵！」這位朋友，也許平常沒感冒的時候不喘，但是感冒以後，身體比較虛弱，就容易喘，這就是可怕的併發症。

一般人如果有一些潛伏在身體裡的病變，就算始終沒有發展出來，但是一直累積在那兒，當身體虛弱的時候，也許是感冒、也許是過度勞累，這些累積的毛病就會趁勢發展出來，這時就要注意了！如果特別衰弱，身體就每況愈下；若是能夠注意，就能好起來。

大家都怕生病，但是不見得有方法。我們為什麼發心把平甩功普傳出去？因為我研究了很久，體證也很多，發現這個動作，男女老少咸宜，而且容易上手，練起來特別有效果，能夠練到一通百通。所以我們把它發展出來，希望大家都能夠甩出健康、甩出快樂、甩出幸福。

李鳳山師父修養心法

身有狀況，加強概念；
注意調養，一通百通。

順應四季

聽師父日月談
掃描 QR Code

曾經有人問我：「中秋節練功，有沒有什麼特別的好處？」中秋節剛好是月圓的時候，所謂「月高氣爽」，這一整天練氣，都會比平常更上一層樓。其實，就人的心境跟身體而言，不光是中秋節，每月的正中間，都會有相同的效果。

秋天處在夏天跟冬天交接之時，氣候變化特別容易讓人中暑、著涼，尤其是小孩子和老人家，很容易感冒，萬一不小心著涼，可能還會有併發症，有時，身體甚至會一落千丈。所以，這個季節一定要好好練功。就算什麼都不會，甩甩手也行，輕輕鬆鬆就可以通過這一個關卡。

平甩的好處在於，一來是男女老少皆宜，二來是什麼時候都可以練習，三來也不怕被打斷。所以，只要我們一直在活動，一整天，隨時、隨地都可以練習。甚至於有些女孩穿著窄裙、高跟鞋，也照樣能練！練了以後，都能夠平衡，容易適應各種狀況。

我們的平甩功沒有什麼限制，只要保持自然就可以。有些人練的時候，兩邊的手甩起來好像有一點差異，也許一邊高、一邊低，所以，一開始練習時，最好能照鏡子，平均無偏地甩，才能慢慢地把身體完全甩平衡。如此一來，別的不敢說，但一輩子絕不會有五十肩或是半身不遂的現象。

練平甩功，除了要持之以恆，更要甩出名堂。什麼名堂呢？就是脫胎換骨！

李鳳山師父修養心法

隨時隨地，持之以恆；
練出名堂，脫胎換骨！

自我覺察

聽師父日月談
掃描 QR Code

很多人年紀大了經常會說錯話，或是做錯事情，為什麼？難道他們不想修嗎？當然不是，只不過，常常是心有餘而力不足！我們怎樣能夠心有餘而力能達呢？這就要歸諸於鍛鍊。

人都有缺失、有耗損的時候，最重要的是，要知道怎麼去復原？不管怎麼鍛鍊，如果沒有復原的能力，都是疲於奔命。

身體像機器一樣，比較好復原，但是我們的心，可就難了。

我們可以問問自己：「覺得五臟六腑都健康嗎？」相信百分之百的人，幾乎都說不出來，總會去思考一下。可是，經常鍛鍊的人，不用思考就可以回答：我覺得很健康、最近肝比較弱、比較容易疲倦、或是胃不太舒服等等。這是我們經常保持鍛鍊所修煉出來的一種直觀，跟平常人不一樣。

一般醫生也不一定能夠做到這種準確的程度，這就是自我調整、自我覺察的一種境界。可是我們長期鍛鍊的人，很了解自己的身體處於什麼狀況。是生病？汰換？還是過去的老毛病在翻舊帳？心裡清清楚楚、明明白白。甚至，如何修復身體，讓自己健康起來，馬上就有一套方法，毫不含糊，一般人其實很難做到！我們教給大家的，就是這個鍛鍊的法門。

身的鍛鍊與心的鍛鍊息息相關。找到落實的方法，然後腳踏實地去做，才能真正地從身體的改變，以至於改變自己的心。如果沒有這個概念，修什麼都是假的，疲於奔命，到最後也是聊表心意，其結果不過是欺騙自己罷了。

李鳳山師父修養心法

從身體的改變，
以至於改變自己的心。

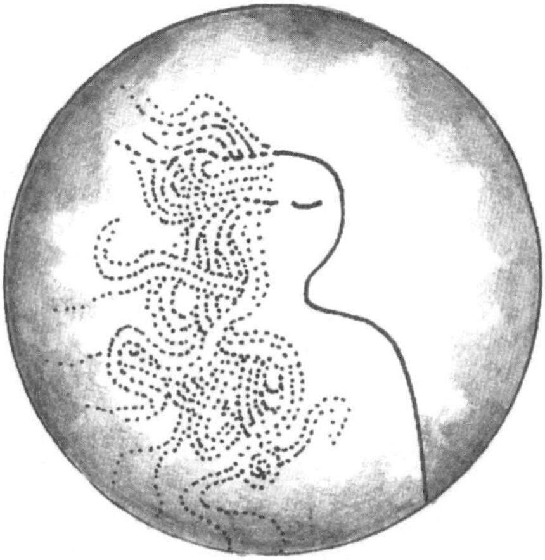

改善失眠

聽師父日月談
掃描 QR Code

處在充滿緊張和壓力的現代社會，很多人的睡眠品質都很差。但是，一個正確的養生練氣方法，就可以有效改善睡眠品質，甚至縮短睡眠時間，使我們的恢復力變強。

相信很多人都有這種經驗，早上起床覺得精神最好，下午就開始變得昏沉，晚上更覺得小腿脹脹的、甚至舉步維艱。這些現象都和地心引力有關，因為我們活動一整天，地心引力使得回流漸漸變差，很難回到頭頂。所以，一般人累了一整天，好不容易可以睡覺了，會很想立刻上床躺平。

但是這個時候，我們的身體還不夠穩定、放鬆，若一下子就躺在床上，血液的回流會很快地竄到頭部，動脈就會因此跳動不已，連帶使得脈搏加快；再加上勞累與疲憊，就容易多夢，使得睡眠品質變得非常不好，即使早上醒來，都不覺得有恢復之感。

如果我們在睡眠前，先做一點緩和的運動，練氣當然更好，然後稍微坐一會兒，再慢慢地躺下來，就會比較好入睡。這個時候暫時不要去想白天的大小事，也不必刻意去抗拒，因為當你愈想要控制念頭，往往就愈控制不了。所以，念頭來了，讓它自自然來、自自然去，就容易保持輕鬆穩定。若能在睡前先試著這樣改善，相信大家都會睡得非常好！

李鳳山師父修養心法

睡前練氣，靜坐調心；
保持輕鬆，睡得安穩。

養成規律

聽師父日月談
掃描 QR Code

相信大家都有做過夢，甚至於夢裡有夢，就是夢到自己在做夢，弄得真假莫辨。比方說，有時候早上起不來，又害怕上學、上班會遲到，睡夢中，迷迷糊糊地夢到鬧鐘響了，不自覺就想把鬧鐘按掉，可是怎麼老是按不掉呢？睜大眼睛一看，原來還在做夢！

有些人卻從來不做夢，這個境界很高！因為必須能夠做到沒有煩惱，才有可能不做夢。還有一種就是，夢始終都很清楚，也知道是怎麼一回事，這個境界也很高。

當然，最不好的那種，就是夢亂七八糟，醒來也不知所以然；甚至於睡不安穩，醒來的時候渾渾噩噩、懵懵懂懂。如果我們有這種情形，就要注意了，特別要在修心上面多下功夫，才不會心老是安不下來，腦子亂糟糟，想的事情多，所以始終無法集中。

依我們的經驗，會亂做夢的人，練功可以改善這種情形。當我們以正確的養生方法，鍛鍊到相當程度以後，自然就形成規律了。這個規律性的養成，可以把真實的世界帶到夢裡去。

很多學生剛開始不相信，練了一段時間以後，都發現做夢的情況真的改變了，不但比以前清楚，也不會亂七八糟；即使做了，也能知道提醒自己注意什麼，不會再有渾渾噩噩、懵懵懂懂的狀況了。

鍛鍊可以增強我們的心智，讓我們的思慮更清楚，精神更容易集中且安定。於是，我們的潛意識就會逐漸改變，夢境也會轉換，不但能夠把我們的潛意識啟發出來，潛意識和浮意識還不會打仗，以至於內外合一。

李鳳山師父修養心法

養成規律，增強心智；
精神集中，啓發潛力。

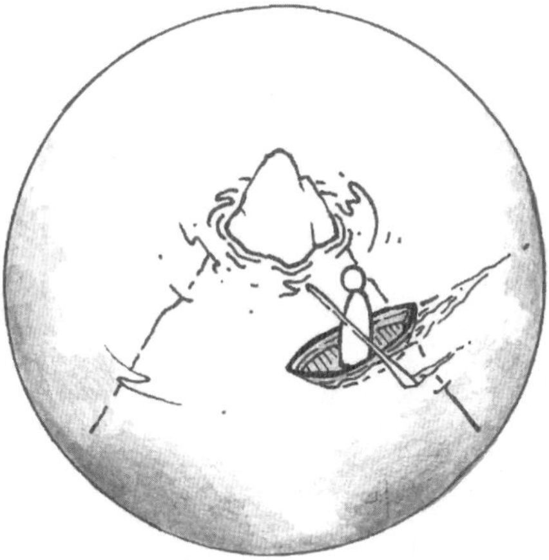

調整腸胃

聽師父日月談
掃描 QR Code

現代人常有的毛病，就是消化系統不好，甚至年紀輕輕腸胃就出問題。通常消化系統的毛病，都是因為長時間緊張、焦慮引起的，日積月累就變成難纏的慢性病。

古人說：「脾胃屬土。」土有落實的意思。脾胃不好的人，先問問自己：是不是想法太多了，但缺乏行動與落實，想了半天還是沒用？

有一句話說：「坐而言，不如起而行。」如果我們只是坐在那兒，累積一堆的想法，不去實踐，就沒有辦法從想像中解脫出來！坐困愁城的結果，就是愈想愈多，愈想愈沒有辦法解決，愈不能釋懷，最後只能自我原諒，騙騙自己。實際上，事情一點也沒有解決，於是，疾病就在當中累積出來了。

練功可以改善這種情形。為了幫助現代人得到正確的鍛鍊，除了平甩以外，常常坐著的人，也可以做一些簡單的摩擦。

摩擦的作用，就像翻動一塊已經硬化的土地，透過規律的摩擦，就能夠將土鬆動；鬆動了以後，才能有利於灌溉與種植。

所以說，摩擦與翻土一樣，不能亂來，東一下、西一下，要規律、輕鬆、貼切。有消化系統困擾的人，不妨試試看，平甩、摩擦雙管齊下，就能得到緩解與調整。

李鳳山師父修養心法

想法很多，
不去實踐，
沒有辦法從想像中解脫。

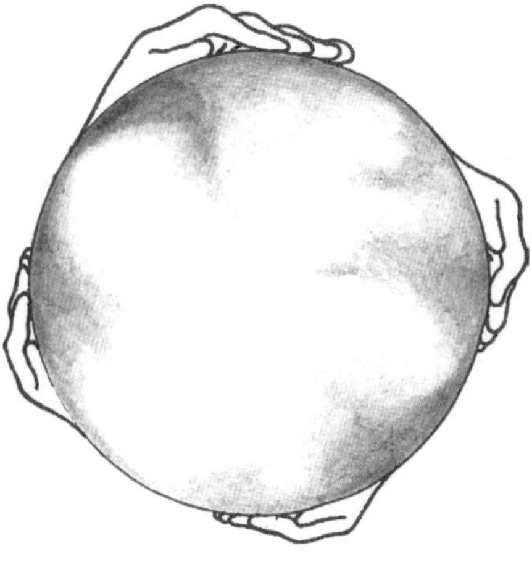

身心同步

聽師父日月談
掃描 QR Code

有學生問我：「為什麼怎麼練都練不過您呢？」我說：「我練了幾十年，你才練幾年？而且我到現在，沒有一天停止鍛鍊呢！」練功，跟為人處世一樣，要有一個概念，千萬不要跟別人比。因為每個人的資質、程度、體質、心境各有不同，但是，我們要比個人的突破，才是最重要的。

怎麼樣跟自己比呢？其實很簡單，用我們的身體跟我們的心境互相比較。比方說，心境不太好的時候，就靠身體的鍛鍊把心提升起來；若身體狀況不太好，就用堅強的心境去提振我們的身體，凝聚身體的力量。但是，如果沒有一個正確的鍛鍊方法，也很難達到這樣的目標。

除了身體需要鍛鍊，如果想提升心境，有一個非常重要的觀念——尊卑觀。《易經》有句話：「天尊地卑，乾坤定矣。」一個人若懂得尊師重道，不用跟別人比，就蒸蒸日上。一個人如果不懂得尊師重道，再怎麼練，內心都會有一股怨氣，願望始終難以達到，怨氣愈來愈深；怨氣一旦愈深，又會回過頭來原諒自己，如此就更不懂得尊師重道了，於是每況愈下。

練功就是要把正氣練出來。古人說：「吾善養吾浩然之氣。」一當我們能夠練出正氣，也就能夠秉持著自然的領域，不斷地流行下去，於是，我們對人生、對很多事物的看法也就截然不同了。

李鳳山師父修養心法

爲人處世，
不與人比；
個人突破，
最是要緊。

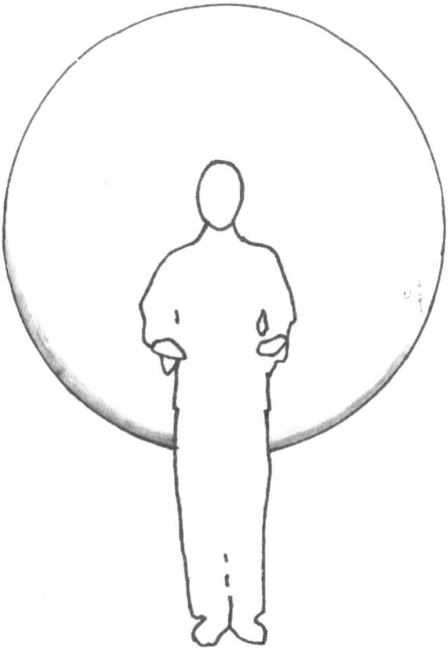

氣場交流

聽師父日月談
掃描 QR Code

有一次上廣播節目，主持人問我：「當我們身邊的朋友很緊張的時候，我們常常會下意識地去握住人家的手，希望能給他們一點安慰，像這樣的動作，也可以算是一種氣功的傳達嗎？」這是一個非常好的問題。我們在日常生活中，像這種表達關心的小動作，就是氣的一種交流。

我們的手掌心有一些穴道，敏銳性很高。有人情緒緊張的時候，我們可以用手指輕輕地壓在他們的手上，不必太用力，配合著呼吸，不急不緩，保持自然穩定，漸漸地，對方就會跟著穩定下來。

人與人之間的磁場感應非常敏銳，當我們設身處地為對方著想，對方就會感覺到這股「氣」，會覺得很放心，人際間的相處也就容易保持在最穩定、平和的狀態。

比方說，當我們氣喘吁吁地從外面回來，進門之前，最好先把自己穩定了，再進去。尤其是探病的場合，如果自己就是一副急躁的樣子，很容易會影響到病人。而平常時候，不管是下班、或放學回家，都要注意，如果急匆匆地忽然跑進屋裡，大家都會覺得你是不是有什麼不對勁？因為磁場受到了震動，別人也會跟著感受到有不對勁的現象。

所以我們平時就要養氣，透過鍛鍊，隨時將自己調整在自然、從容的狀態，這樣身邊的人也會受到感染，所到之處就會天下太平了。

李鳳山師父修養心法

設身處地爲人著想，
所到之處天下太平。

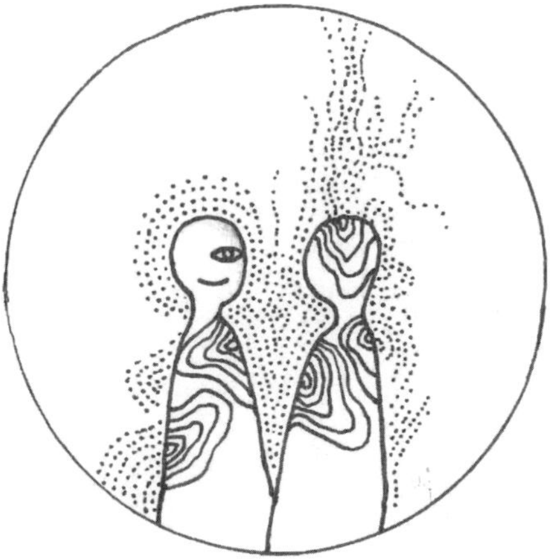

修己助人

聽師父日月談
掃描 QR Code

常聽到一句話：「心有餘而力不足。」為什麼會產生這個現象呢？我們先從身體的領域來探討。光以氣來講，如果氣血循環不良，身體裡面有些地方就會不通，氣血到不了，就形成了空缺。當身體有空缺的時候，心也容易有空缺，於是便形成了「心有餘而力不足」的現象了。

這就是為什麼我們要強調身心合一。一旦我們的心不良，就會把身體拖垮；身體不良，也會把我們的心拖垮。所以說，要怎麼樣才能夠「心有餘而力能達」呢？就得靠練功了。

當我們的「功」具足了以後，就可以將身體「補滿伍」。這是我們從前在軍中的一個術語，也就是說不要讓它有空缺，整個身心能夠平衡、合而為一；然後在規律中，自然地產生協調，養成穩定的思維，一步一步地往前推進，不會自亂陣腳，也不會產生亂象，人人都知顧全大局，這該多好！

當我們知道如何調整自己，就是「修養」的觀念，於是很自然地，也就知道怎麼去幫助大家；就好像我們先懂得愛自己，才真的懂得愛別人。有很多人，一股腦兒地想要去愛別人，但是他從來不知自愛。您想想看，一個不知愛己的人，他雖然很愛別人，其結果會如何呢？

所以我們要先讓大家都懂得怎麼樣去修養自己、調整自己、愛護自己，回過頭來才能夠去護持別人，而不會亂了方寸。希望社會大眾都知鍛鍊自己的身心，大家都能「心有餘而力能達」，我們的社會定能長治久安。

李鳳山師父修養心法

所謂修養，調整自己，
護持他人，顧全大局。

君子之道

聽師父日月談
掃描 QR Code

相傳，鍾離權在渡化呂洞賓時，要教他點石成金的方法。呂洞賓問說：「這個法術是否永遠不變？」鍾回答：「你放心，五百年後才會消失。」呂洞賓一聽就說：「那我不學！五百年以後，若有人拿這個金子，用到一半變成石頭，那怎麼辦？」呂洞賓是一個有大修為的人，他不但替古人著想，也替未來人著想。

現代社會，這樣的人真是寥寥無幾，大部分的人只顧著為自己著想。這個社會為什麼會亂？因為壞人無所不用其極地做壞事，所以能蒸蒸日上、吃香喝辣；可是，自認為不是壞人者，卻沒有相對的行動力，所以才會產生亂象。

曾經有位學生，被我說得一把眼淚、一把鼻涕。我說：「你壞透了！」他不解：「師父，我不偷、不坑、不騙、不搶，為什麼您說我壞透了？」我說：「你比誰都壞！因為你只是坐在那兒發牢騷，從來不行動，又不願去請教別人；就算請教了別人，別人告訴你，你還是不去做，反而讓壞人有做壞事的機會，所以你壞透了！」

如果大家自視為好人，卻不能自強、不能凝聚力量，憑什麼埋怨壞人使壞呢？我們不斷地怪他們，又有何意義？有本事，應該學習古人在《禮記・大學》中所說的「君子無所不用其極」。

如果您是一位君子，自認是個好人，是否也應該無所不用其極呢？有人想盡辦法做壞事，咱們也能想盡辦法做好事，於是，便能真正地改變這個社會了。

李鳳山師父修養心法

見人使壞，不發牢騷；
趕緊行動，做盡好事！

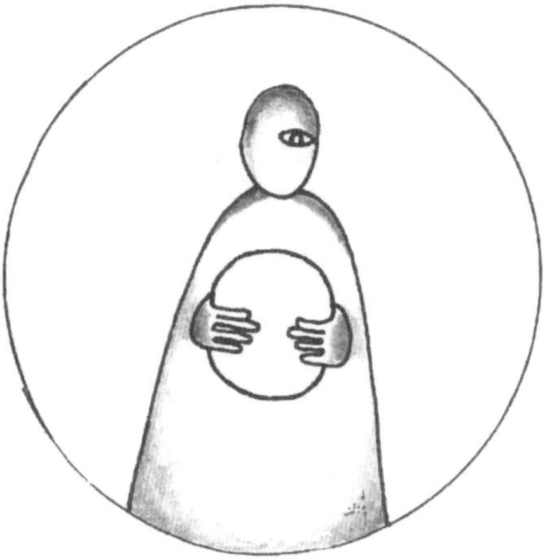

聚集忠義

聽師父日月談
掃描 QR Code

有人感慨說，世界上壞人多，好人少；因此就覺得，壞人是「量」，好人是「質」。但是，如果我們認真去思考，這個世界到底是好人多、還是壞人多呢？其實答案應該是「好人多」，只是壞人比較容易顯現出來，所以，好人是「量」，壞人才是「質」。

大家若能想通這一點，表示都是有智慧的人，還沒變成神經質。有時候我會跟學生開玩笑：「什麼叫神經質？就是剛好在神經病的邊緣，還沒有被送到精神病院去的人。」這種人，在生活周遭比比皆是，他們比那些關在精神病院裡的人，對社會的威脅更大。

很多人都說：「這個年頭，壞人真多！」其實，並非壞人多，只是壞人容易突顯，為什麼呢？因為他們知道如何讓大家聚在一起使壞。比方說，有些人只要為了既得的利益，就可以無所不用其極地把大眾聚集起來，當然容易突顯。可是，這個社會明明好人多，為什麼顯現不出來呢？因為好人大部分都喜歡各自為政，所以不容易讓人感受到好人的力量。

所以，如果我們自認為是好人，應該要團結起來，也就是為了「忠義」，而不是為了「利益」，就能夠聚集起來。如此，所有的人都能夠輕易地看到好人，壞人的力量也才能得到制衡，甚至相形見絀。好人勢必要團結，並且學習無所不用其極地把好事做好，我們的社會才能平衡、平和、平實的發展。

李鳳山師父修養心法

爲義而聚。
非利而集，
團結盡善，
社會自強。

隱惡揚善

聽師父日月談
掃描 QR Code

有人曾經問我：「生病吃中藥，恢復得比較慢，吃西藥是不是好得比較快？」用炸彈的原理來比喻：任何東西，要愈快產生作用，就要愈大的壓力，於是，所產生的爆炸性、破壞性也愈大！這是我個人的深刻體會。

教育孩子也是一樣，給孩子的壓力愈大，反彈也就愈大。

但是，如果我們不去理會孩子不好之處，多注意好的地方；或者，如果實在沒有好的地方，我們不斷地去幫助他，啟發好的本質，讓他不斷地接觸好的模範、學習好的對象，孩子一定會更好。不要太去理會孩子的不好，這反而讓他對不好之處印象深刻，就更難教了。

這個社會也是一樣，面對惡的力量，打擊它，並沒有好處，就像核子爆炸，消滅不完的；而且，打得愈凶，爆得愈厲害，愈挫愈勇！

同樣地，好的力量，也不能去打擊，因為「一鼓作氣，再而衰，三而竭」。要是大家都把好的東西埋沒了，就算都知道什麼是好，也沒有辦法據理力爭。於是，惡的力量當然就壯大起來，到最後，好的力量也只是看著，保持敢怒不敢言，永遠只是一片煩惱，卻不知道怎麼行動。

所以，不只為人父母者，所有的人都要懂得把好的東西盡量地發掘出來。唯有人人做好「隱惡揚善」的功夫，這個世界才能夠愈來愈太平！

李鳳山師父修養心法

打擊惡，滅不完；
發掘好，能制衡。

覺醒人生

聽師父日月談
掃描 QR Code

以前我們在部隊的時候，有一位連長，大家都覺得他很有智慧，每回要集合、緊急動員時，他都會跟部下說一句話：「緊張沒關係，但是不要慌張！」

我跟學生也講過類似的話。每當學生說：「師父，我好緊張喔！尤其是上台的時候更緊張！」我說：「誰都會緊張，緊張沒關係，但是不要害怕。」我們可以緊張，因為緊張會讓我們更加謹慎、努力，表現更加穩當；但是，如果心裡害怕，就會亂了陣腳，或是畏畏縮縮，沒辦法把實力發揮出來。

這個道理，就跟我們常常講「忍耐」是一樣的。忍耐一分、兩分、三分還可以，到了四分、五分、六分，可能就要四分五裂了！所以，無所謂忍無可忍，任何事情如果到了忍無可忍才去做，就表示我們的智慧還不夠。

打個比方，假設一個人，成的時候是從一到十，敗的時候也是從一到十，比較聰明的人，一、二、三分，就明白了！會成、會敗馬上可以掌握；但是，有的人到了四、五、六分，才能夠掌握；有的人更是到七、八、九分才發覺，那時可能就來不及了！

所以，我們最好做一個聰明人，什麼事情只要在一、二、三部曲就明白、知道了，尤其是我們國家、社會也是一樣。那麼大的範圍，如果到了四、五、六分，甚至七、八、九分才有反應，恐怕已經搞得四分五裂，再加上亂七八糟，都來不及挽救了！

大家都要訓練自己一、二、三的功夫，俗話說「無三不成禮」、「凡事不過三」。一、二、三，就得覺醒，醒過來才能有知覺！如果一直不醒，不但沒有知覺，更不知道人生怎麼繼續下去了！

李鳳山師父修養心法

忍耐三分還可以，
四分五裂不太妙，
亂七八糟更不好，
追求智慧好修行。

靈性修煉

聽師父日月談
掃描 QR Code

什麼是靈修？靈修的基礎是什麼？如果一個人沒有公益心，能算是靈修嗎？

現代人常把「身心靈」掛在嘴上。有人問：「身體的鍛鍊，可以練平甩，心的修為也有師父的心法，可是，靈要怎麼鍛鍊呢？」

靈的鍛鍊，首在「發心」，每個人都要發起「公益心」。有些人生病，怎麼治都治不好，可是，患者透過自己的信仰，發心、發願要幫助全世界的人，有時候病反而好了。

所以，公益心是靈修的基礎。但是，人有一個糟糕的習氣，就是自私的心。一聽到做公益，就畏縮了！有些人得到分裂症、精神病，自殺、或者是殺人，都是因為自私心。我相信，很多人曾有過想出家、要自殺的念頭，可是當他想到：「孩子怎麼辦？」、「學生怎麼辦？」、「家人怎麼辦？」，當他開始為別人著想時，就不會去做糊塗事了。有些人一直替自己著想，想來想去，想不通，愈想愈不開，最後，當然就出問題了。

有的人也會問：「即使要做公益，像我們這種市井小民，是不是發個比較容易達成的願呢？要幫助全世界，太難了吧！」其實，我們只要跨出步伐就好了。比方，如果我們發願要做一萬件的好事，一聽之下，挺嚇人的！但是只管去做，走一步，就少一步；多做一件，就少一件了。

行動是最好的語言。當我們盡了人事，就能夠瀟灑地放開心胸，聽其天命，也就達到了靈修的效果。

李鳳山師父修養心法

修身靠鍛鍊，
修心求智慧，
修靈發善心，
聽其天命！

邊修邊行

聽師父日月談
掃描 QR Code

我們常聽人說：「不是敵人，就是朋友。」那是絕對的。偶然也聽人說過：「不是朋友，就是敵人。」這句話似是而非，其實是不對的。不是朋友，還是朋友！有本事，我們就跟敵人建立友誼，能夠把敵人變成朋友，才是真正的政治家。

許多宗教都講：「愛我們的敵人。」可是，很多人都會問：

「如何去愛我們的敵人？又為什麼要愛我們的敵人？」其中自有學問，可以延伸到各個宗教的領域。

我們講平等性、平常心、平衡感。以一般人來說，如果要等到大家想通這個道理，才掌握到所謂平衡感、平等性、平常心，這個世界早就亂了。所以，我們就是很直觀地，不用經過大腦，直接地告訴大家——去愛別人！愛你的朋友，也愛你的敵人，那就對了。

意思就是說，先不要去想通為什麼，先去把自己的平等性跟平常心抓住、鞏固。我們要先懂得去愛，然後再了解怎麼愛法。不是我愛你不愛他，而是所有的人都愛，只是怎麼樣去愛。

我常強調，我們不去想「我要不要說」、「要不要做」，而是去想怎麼說、怎麼做；或是說不出來就先去做，做了以後再說，要不然，考量不完的，也不會有標準答案。說著、說著，就知道怎麼說了；做著、做著，也就知道怎麼做了。但是當我們考量了半天，終究還是沒有答案，各位是不是也有這種經驗？所以，不是去想通，而是先把平等性、平常心建立起來，就解決了。

所以，一個「行通」，一個「想通」——想不通要先去行，行不通也要會想，這也就是邊想邊行、邊修邊行的道理！

李鳳山師父修養心法

想不通，先行；
行不通，再想。
邊想邊修邊行。

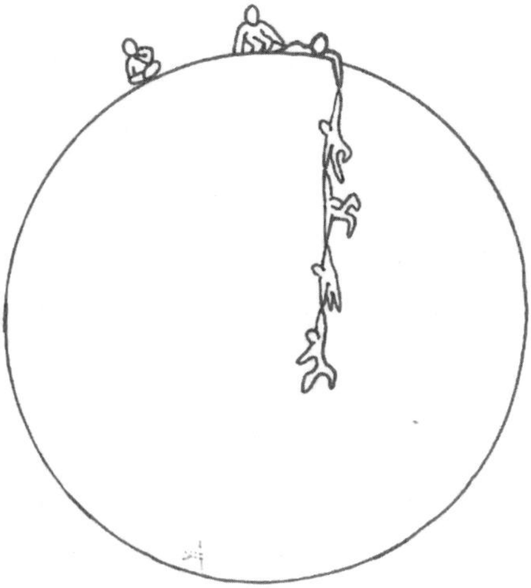

無生無死

聽師父日月談
掃描 QR Code

以前我有一位師父，武功高強。有一天，他突然跟我說：「我的時候到了！」然後往那兒一坐，人就走了！這下子大家慌了，一直跟他說：「師父，您再講兩句話給我們聽聽嘛！」大家還正在傷心的時候，我師父一下子又回來了。他跟我們講說：「我還有一點事情要交代一下。」然後，就跑去幹活了！

過了兩天，才回來坐化。自古以來，很多修行人說走就走，事實上，他們也是說來就來。當我們能夠完全放下的時候，就完全能提得起來，自然也就能說走就走、說來就來。

來的方法很多，也許是投胎，也許是借屍還魂，也許是用原來自己的身體等等，這些情形很多。當然，也許他是到另外一個空間去，等到時機成熟，該來的時候，又回來了。

今天，在我們眼睛所能看到的空間裡，一個人修到能夠隨時放下，他在另外一個空間，當然也能放下。當他在另外一個空間放下，不是就來了嗎？而他在這兒放下，不是又到別的空間去了嗎？所以能說走就走、說來就來，其實，根本就是「放下」的功夫。能夠做到這一點，就是真正的解脫，也就達到無生無死的境界。

我曾跟學生說：我們這一生中，到底要得到的是一場虛空，還是一場空虛？「虛空」跟「空虛」，倒過來一唸，就有一種截然不同的感觸。相信我們都寧願得到虛空，而不是空虛啊！

李鳳山師父修養心法

徹底提起，
完全放下，
來去自如，
無生無死。

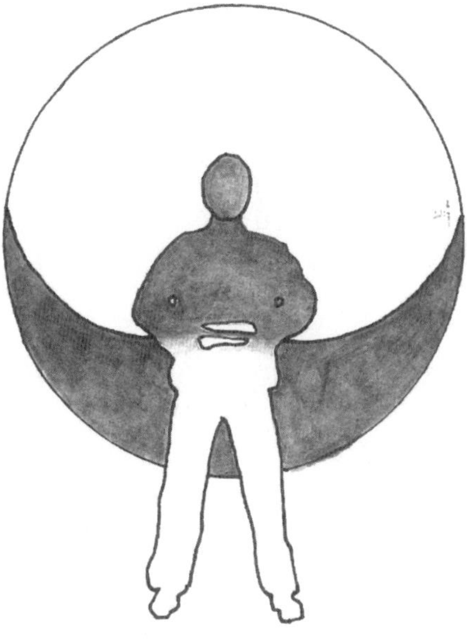

質重於量

我教氣功已經幾十年了，很多在別的門派學過的人到我這兒來，一見面就說：「李師父，您能不能一掌把我打通？從今天起我就不用練了。您要多少錢，我都給你。」我反問他：「您有多少錢？」他回說：「我先給您十萬好不好？」我說：「十萬，大概可以維持兩個月。」「那二十萬呢？」「二十萬維持一個月。」對方加碼：「那我給五十萬！」「五十萬？」我說：「維持一個禮拜吧！」他不解：「這怎麼說呢？」我回答：「老實告訴你，你到別家門派，也許只要一伸手，他就會問你要錢，但是到我這兒來，對不起，我們沒有這些招式。」就像有些地方，還有什麼「萬年何首烏」、「千年靈芝」，聲稱只要一吃，立刻可以增加六十甲子的功力，我們通通不來這一套，做任何事情，就是實實在在、腳踏實地。

我始終相信一句話：「重質不重量」。我們不在「量」上面下功夫，否則到最後「質」沒有了，「量」也撐不下去；而是要在「質」上面下功夫，從「質」來醞釀出「量」。

我從出道到現在，沒有做過廣告，自始至終，默默耕耘，完全靠口碑相傳。因為不斷地在「質」上面下功夫，大家才會坐在這裡聽我講經說道，所以，我們必須要把持住「質」，而非「量」。因為很多人，都想要量多，這個世界才會有亂象，也才會有所謂的經濟不景氣；如果每個人都在「質」上面下功夫，就不會亂，也不會產生所謂的經濟不景氣了。

李鳳山師父修養心法

重量不重質，
質崩量乏；
重質非重量，
質精量生。

掌握內在

每逢選舉，就會有各種造勢活動。我個人覺得，造勢並非不可，但不能刻意。我們做任何事情，都要沉住了氣，先讓自己穩定下來，自然地，該怎麼做、怎麼說，心裡明白；而非自己本身內在的深度始終沒有突顯出來，沒有突破，於是刻意造勢突顯自己。這種做法會讓人們產生慌張的感覺，好像大家都

聽師父日月談
掃描 QR Code

講得不錯，可是仔細想一想，又說不出個所以然來。

當我們自己累積的深度夠，就像滾雪球一樣，自然就會推演出來！好比，我從不做廣告，只是不斷地去增加自己的內涵。當有人給我們建議，一個人建議、兩個人建議，甚至三個人都給我建議時，我就說：「好，咱們就這麼做！」這是自然推演的現象，而不是我想做什麼就做什麼。一切都是自然形成的，不但自己想，別人也幫著想，我們就成功了。

我們要時常自我反省：「自己的內在，是否夠深度、夠學問、夠有內涵？」然後才把這個隱藏、不為外人知的潛力，一點一滴地透發出來，自然就形成了造勢功能。而不是自己想要造勢，就拚命地造勢，但是內在的醞釀是什麼呢？完全跟外在的現象配合不起來，於是裡外不合，無法找到平衡點。這樣的人或事，都會讓人感覺不放心。

現在，有許多人看到梅門，就感到放心，原因是什麼？因為我們從來不刻意造勢，而是從內在深度去下功夫，自然而然形成一股能量，一點一滴地再透發出來，以至於愈來愈發達、發展。所以，別人不但能夠看到我們的真實面，還對我們有信心，這樣一步一步地，大家也都知道我們的存在了。

李鳳山師父修養心法

掌握內在深度，
自然透發潛力。

自省之功

聽師父日月談
掃描 QR Code

有一位學生來上課，發現我們這裡大家都吃素，於是就問：「練功是不是一定要吃素？」我告訴他：「你只要好好練，天天練就行了！」我們只要持續鍛鍊，身體會愈來愈乾淨，到最後，該不該吃，心裡會明白。

我們鼓勵大家吃素，可是，很多人葷食吃了幾十年，很難改變飲食習慣，就像有些人酒喝太多戒不掉、煙抽太久戒不掉、賭博成習也戒不掉。面對這種現象，我們不但要把為什麼吃素的道理告訴他，還教他功法鍛鍊，在生理與心理相互輝映之下，自然而然會改變他的飲食習慣，用不著勉強。

我們這裡有不少患長期慢性病的朋友，甚至癌症患者，在鍛鍊平甩又吃素的情況下，身體得到非常好的改善，也頂得住治療過程中的種種副作用。只不過，因為有些人不相信，我們比較保守，並沒有大幅度地做廣告，宣揚平甩跟素食觀念。

有些人非常奇怪，聽別人說好，心存懷疑，十分保留；可是聽到壞的，怎麼壞、如何壞？他就講得頭頭是道。真是值得我們警惕！

我們要發自內心地去講別人的好，多講別人值得學習、喜悅的事情，少講別人無心的過失。改正自己的行為，不要老是原諒自己，就是不能原諒別人，我相信這個世界自然就太平了！咱們一起來，多原諒別人，多反省自己，這是最重要的。

李鳳山師父修養心法

揚人之善，
莫道人非；
原諒他人，
反省自己。

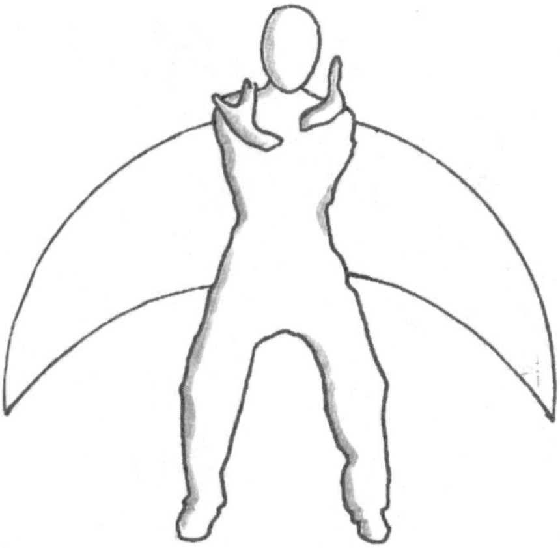

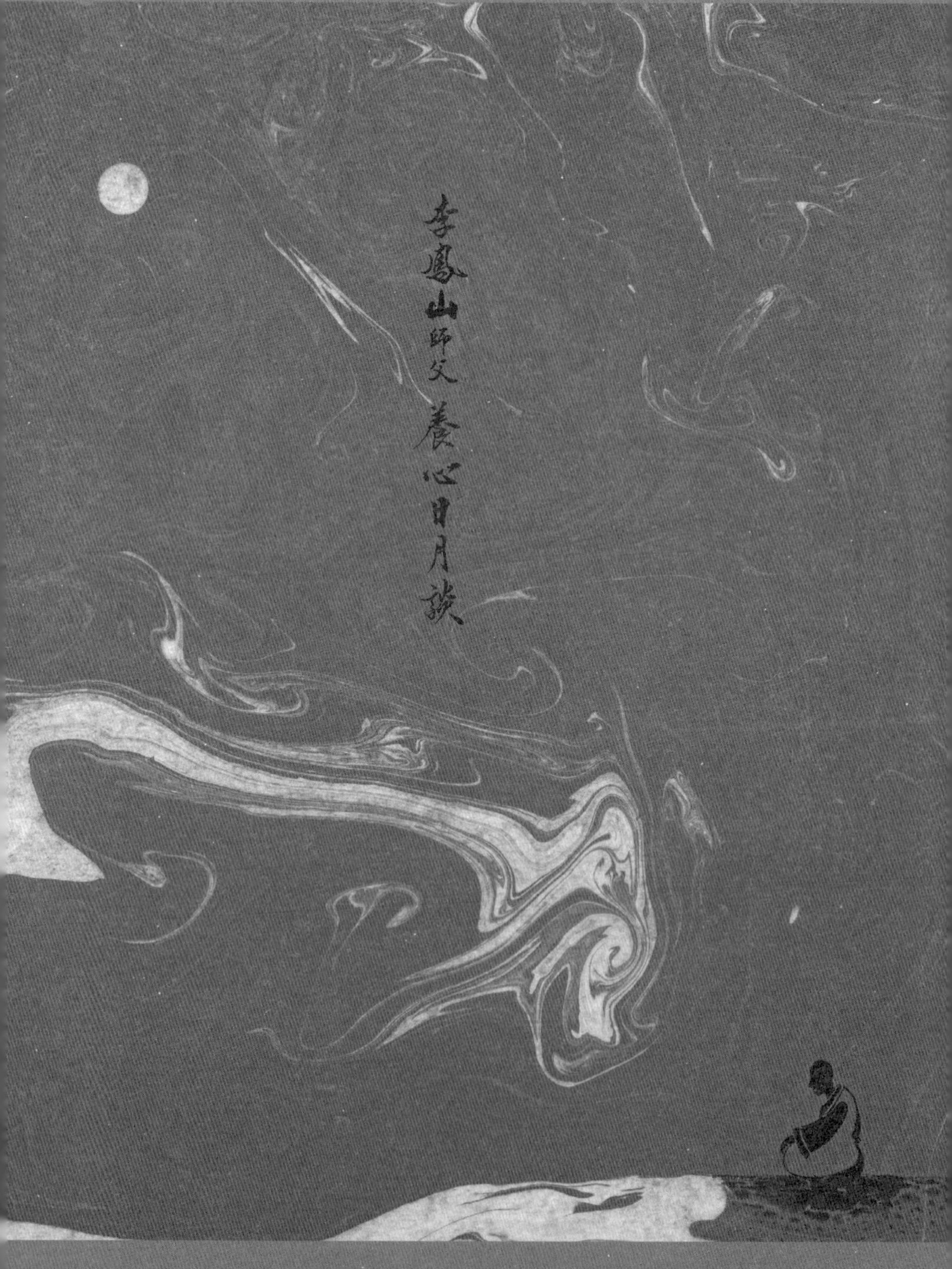
李鳳山師父
養心日月談

卷參

心物合一

梅門一氣流行

人生之道

人生之道如何經營？所謂「初嬰養和」，孩子從小就要培養一個重要觀念，就是處處以和為貴。我們不僅從孩童時期就要建立這樣的觀念，而且在一生中都要努力維持「和」的心境。把「和」養好，基礎穩固，也就能一心不亂，了解人生的道路怎麼走了。

聽師父日月談
掃描 QR Code

好比跳傘的人處於高空中，遠離塵世，感受到的是一團寧靜，正所謂「寧靜以致遠」，思想清楚明白，沒有困惑。但到了地面，如果沒有「一團和氣」，內心亂糟糟的，就不知如何肯定自己，也不知如何走出人生的完美之道了。唯當奠定了「和」的心境，於是能夠順天不惑——懂得順應天理，就不會迷惑了。

依此明瞭個人的志向，正是少壯時期最重要的任務。所謂「少壯明志」，人人都應明白，人生之路要走在「道」上，「道」不可須臾離也，也就是絲毫不可離「道」。

明白了人生的道路，更使自己「老練圓熟」，在修養上多加鍛鍊。有句話說「老來抱德」，人生在世，處處要以德為首、以德為貴、以德為先。就像武功修煉，到了某種程度，就要在內涵上下功夫，不可輕易施展功法，否則顯露個人信心不足，也容易發生問題。如果不修煉內涵，武功無法達到上乘，遇到瓶頸更是不知如何提升？

具足前面三個步驟，於是「終究能安」，終究能心安、理得。到了這個境界，便能永不退轉，對所有道理一通百通、舉一反三，成為一位真正通情達理的人，無所謂生，也無所謂死，完全掌握自己的生命，而後能夠超越生死。

李鳳山師父修養心法

初嬰養和，
少壯明志，
老來抱德，
終究能安。

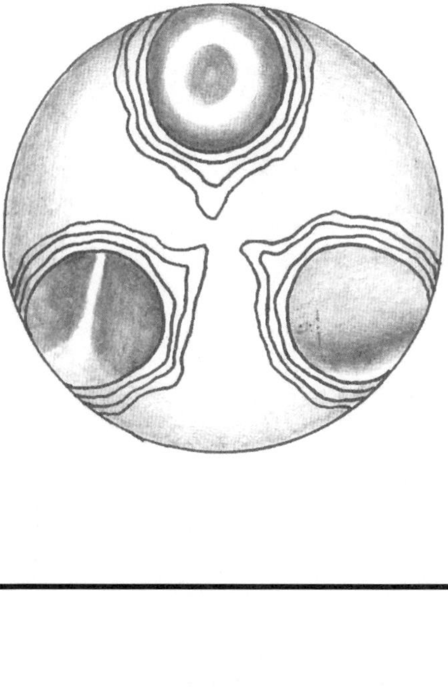

返老還童

聽師父日月談
掃描 QR Code

有人問我：「師父，我不想變老！尤其是人年紀大了，變得又老、又病、又醜，有沒有什麼方法，能讓我青春不老？」

這世界上到底有沒有能夠返老還童的方法呢？其實，還是要靠自己鍛鍊。只要找到方法，每人都能返老還童！現在，梅門都在一點一滴地證實，很多七、八十歲，甚至八、九十歲的人，身體狀況是愈練愈好；甚至於有些病入膏肓的人，居然把病源都練掉了，不但是返老還童，簡直是脫胎換骨！

我們不能整天想著青春永駐，根本上還是要充實內在，才是最重要的。當一個人的內在，充實到相當程度，其實也不會在意別人感覺自己老不老了。我常看一些學生，尤其是女孩子，剛進梅門，都還是會在外表下功夫，我就跟她們說：「外表任憑怎麼修飾，年紀大了，妳會發現愈修飾，心裡愈恐慌。妳會感到，地心引力怎麼那麼強啊！」

所以，我們還是要從內在下功夫，好好地鍛鍊、好好地充實，年紀愈大，人家反而覺得你愈可愛，那就真的成就了人生。

人家會想：這個人看起來成熟、穩定、有智慧，年紀好像不小了，可是又看不出有多大？不僅行步穩健，聲量中厚，行、住、坐、臥，比年輕人還俐落，真是可貴！若如此，真是神仙再世，哪裡還需要吃返老還童的藥呢！

李鳳山師父修養心法

充實內在，常保不老；
穩定智慧，成就人生。

從容不迫

聽師父日月談
掃描 QR Code

從前有個人說：「釋迦牟尼真是一個大福德之人。」另一人聽到了就反駁：「他的母親生下他七天就走了，他能算是個大福德之人嗎？」那人回答：「你有所不知！這個人從小到大的言行，始終如母親在他身邊教誨一般，這是常人做不到的。人家打他，不還手；罵他，不還嘴。無論什麼情況，他都是從容不迫，這還得了！要是一般人，人家一罵，就急了；一打，就怒了，可是他從來都不會。無論天大的事，他都非常冷靜，按部就班、不慌不忙。」

釋尊始終是以「走一步，少一步」為本，心情永遠通曉「不進則退」的大道，只要進，自然就有到達目的地之日。祂已經掌握到最高行者的原則，並遵守著這個原則，一以貫之。

這是一般人很難做到的，原因在哪裡呢？釋尊平日，一舉一動，無不戰戰兢兢，無須臾之漫不經心。所以當祂碰到急切之事時，仍有如平時；但一般人不知醞釀，碰到急切時，就著了慌。

所以，端看我們平日醞釀的是什麼、累積的又是什麼？最後得到的，就是自己醞釀的結果。各位要注意了！無時無刻，我們每個人都要想一想，自己到底在醞釀什麼？如果要了解將來的結果，就看當下所醞釀的便是。

李鳳山師父修養心法

無一日漫不經心，
無一時漫不經心，
無一刻漫不經心。

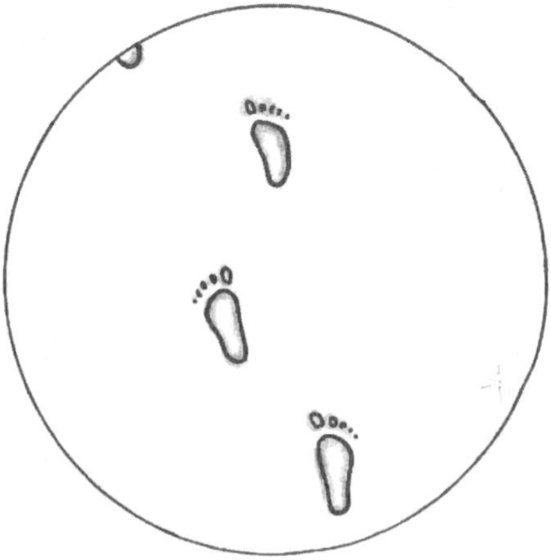

協調能力

聽師父日月談
掃描 QR Code

福氣來自於協調的能力。

民國九十二年底，蔣夫人在睡夢中安詳地去世，有人認為她是一位非常幸福、幸運的人，因為她可以盡情、適逢其會地發揮她的所長。

為什麼蔣夫人可以保持得那麼好、那麼健康？這是因為她本身歷經日晒、風吹雨打後，所產生出來的一個協調能力。從她一生的豐功偉業，可見其協調能力超乎一般，不管是個人與部屬之間、或是在國際事務的處理上。這個協調力，一來，要先做到身心合一，然後才有可能把這個身心合一的協調力，發展到人與人之間的互動上。

人與人之間的互動非常重要，蔣夫人一生中，有許多讓人非常感動的事蹟，可以看出。譬如有一回，她要搭飛機離開某地，飛機起飛後，她又要求折返原地，因她忘記跟隨從說一聲再見。返回後，她下機跟停機坪上送機的人一一握手道謝、說再見，而後才離開。這小小的舉動，讓現場所有的人都非常感動。

一個人想要得到福氣，不是拚命去追求「福」。有好多人一輩子追求福氣，結果卻顧此失彼。有時候拚命地想得到，卻在另外一個地方失去；有時候雖然在這裡失去，卻在另外一個地方得到了！

如果想要追求福氣，就要跟人盡情地打成一片，而後能夠服人。但服人並不是刻意的，主要先服了自己。把自己屈服了以後，自然就能夠達到崇高、無私的協調能力，不但能夠服己，又能夠服人，如此，不用特別追求，福氣就來了！

屈服自己，無私協調；
他人信服，福氣自來。

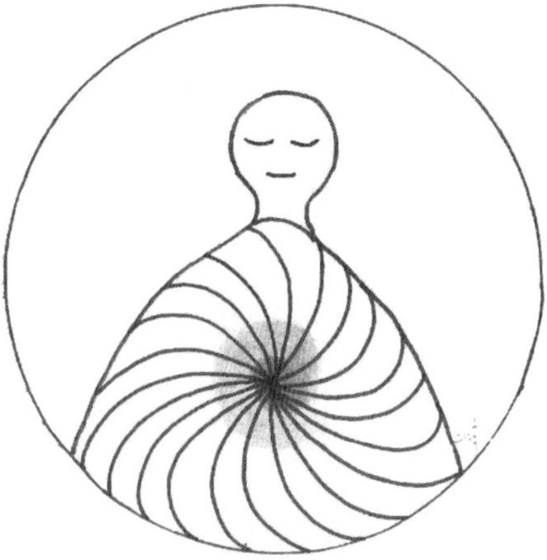

擇善從之

聽師父日月談
掃描 QR Code

我們來研究一下，如何跟進好的，不好的不可跟、亦不可鬥。很多人都覺得，現在的社會群魔亂舞，但是，要想讓這個社會不要再繼續亂下去，要想通一件事，就是我們不必去跟亂象鬥爭，而要積極地提出，或跟進正面、正向的議題，讓好的事情浮上檯面，加強曝光。

從前中國大陸專門講究鬥爭，但是鬥爭終究無法長久，因為永遠鬥爭不完。所以現在大家開始講究文化水平，學習如何和平相處、禮尚往來，這才真正的讓整個國家、社會蒸蒸日上。

不管是中國人也好、外國人也好，大家都要秉持著這種觀念，誰也不要跟誰鬥，而是有什麼建議就提出來，在和平相處上多下功夫，永遠反求諸己：該做的，是不是都做好了？是不是都盡力了？

我們都聽過，有人會感慨地說：「我真是生不逢時，要是生在以前的時代就好了！」其實，這都是多餘的。不管處在什麼情勢，最重要的是要問自己：「我現在要怎麼做？」而不是感嘆生不逢時呀！

古人說：「擇其善者而從之，擇其不善者而改之。」只要是對的，就跟進；不好的，就斷、就改、就不學，自然就好了！不必去跟那些看不慣的人、看不慣的事鬥爭，鬥到最後，好壞不分。有人說時勢造英雄，也有人說英雄造時勢，在我看來，多半是英雄造時勢，只要我們努力往正向走，自然就能造出不一樣的時勢來！

李鳳山師父修養心法

好則跟進，不好就改；
正向努力，創造時勢！

充實內在

聽師父日月談
掃描 QR Code

各位怕不怕老呢？我們都聽過「禮多人不怪」，但是以現在這個時代來說，反而常常會遇到「禮多人很怪」的情形。中國人傳統的輩分及尊稱，是一種人與人之間敬意的表達，但是到了今天，我們在應用上，有時候得從實際的狀況去判斷。

比方說，這個人的年紀沒多大，就千萬不能夠隨便把他喊老了！因為把人家給喊老了，讓人心裡可能會覺得不舒服，甚至於感到悲哀、頹喪！我常跟學生講：「我們從小就學會在家看氣色、出門看天色、交往看臉色。要多觀察，這是一種對人的體貼！」

有時要反求，自己是不是也很怕老呢？淨在外表上下功夫，一味地執著外表年輕與否，而內在卻隨著年齡的增長，愈來愈空洞。如果是這樣，自己也很怕給別人說老了，因為內在實際已經變老，很怕別人識破！其實，萬全的方法就在自己的身心上。鍛鍊、充實，令其內在發展一股青春氣息，讓這股氣息，自然地透到外表，這才是真正所謂的年輕！

此等從內在發展出來的充實感，會讓人人身手靈巧、思維集中、聰慧貼切，變得年紀愈大愈可愛，也愈值得愛！不管別人把你叫大、叫小，你都能欣然接受，而保持無為的態度，才真能達到修為的最高境界！

李鳳山師父修養心法

內在充實，身手靈巧；
年紀愈大，愈值得愛。

禮尚往來

聽師父日月談
掃描 QR Code

中國自古是禮儀之邦，禮在古人來講是全民運動，不管你學哪一門，全民運動就從禮開始。法律也是一樣，若不從禮開始，後面所有的規定通通都是偏頗的。

禮本身就是往來的高度技巧。古人說：「禮尚往來」，不知往來就是無禮。不論對鄰居、朋友、師生、親戚，甚至遙遠的世界各國，都有來往。朋友間的往來是禮，做生意也是禮。現在的生意，很多都已經無禮了，所以才導致經濟不景氣。大家相不相信？我不是學經濟的，但我用道的理念來看事情，一般在學校學經濟也不見得學得到「禮」，所以談生意，並沒有在禮上面談。

我們放眼看身邊，很多沒有學問的人，懂得講禮；很多學識很高的人，反而無禮。原因在哪裡呢？在於後者以為自己有高學識，而心生傲慢，因此就失禮了。不管我們有沒有學問，都要認同這個「禮」字。每一個人都要能夠把這個「禮」運上來，就能兼顧表裡；而表裡合一，格局也就愈大了。

「禮」，在外國就是制度。比方說，「對不起，我跟你敬個禮，你一定要還個禮，要不然我就揍你。」這是制度；又如「你有槍，我也要有槍。」這就是制度；還有，「你想賺錢，我也想賺錢，咱們好說。」這也是制度。說得簡單一點，這都跟「禮」有關。咱們中國人講的「禮」，西方人雖然不懂得「禮」的文化基礎，但是他們靠著制度，也一樣能夠逐漸合宜。這種從西方到東方對於禮的領域，還真是一個大學問。

禮，就是往來的高度技巧。

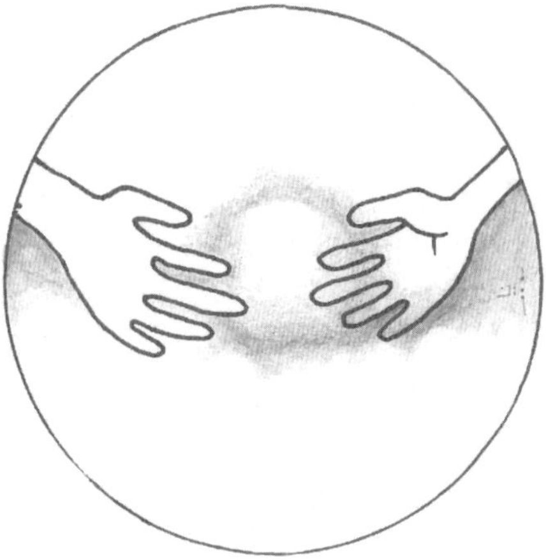

轉換念頭

人的口頭禪就像咒語一樣可怕。很多人常說：「糟了！完了！慘了！」這些口頭語如影隨形。原來是一句口頭禪，久之就像催眠，深入到腦神經、潛意識，從假相變成真相，從虛幻變成實際，所以我們要處處往好裡想。就算想到壞的地方，還是要轉換成好的，才能心裡無怨，也不會意氣用事。

聽師父日月談
掃描 QR Code

當我們看到不好的現象，要以正見視之，不起邪見，但正與善要能配合。很多人講善，若不夠正，善也會走偏；有人很正，但缺善念，心不夠柔軟，容易意氣用事。不論行住坐臥，若處處有好念頭、好見地、好行為，就不會做錯事了。講到業力，喜樂是業，工作是業，思維也是業，如果沒有正念、正見、正行、正法，很難能夠判斷我們的業是否正業？

雖然人人都會不小心，但有很多人為什麼經常會不小心呢？就是因為不夠謹慎，所以在處理事情上要力求穩定，凡事弄清楚，要不然始終都在糊塗狀態。古有明訓：「謹者必平，疏者必傾」，這也是我一直告訴學生的。就是說謹慎的人累積到最後，自然會平步青雲、平平安安；如果始終是疏忽的，再怎麼發展，最後終究會崩潰。

我們應保持「但問耕耘，莫問前程」的心態，就是抱持著無為以及無畏的心境，但求工作，不問利益，亦不問功德，這才是真正為人處事的基本條件。

李鳳山師父修養心法

有善無正，容易走偏；
有正無善，心不夠軟；
正善相合，一切順利。

仁者風範

聽師父日月談
掃描 QR Code

今天咱們來研究一下什麼是「仁者」的風範。所謂「仁者風範」，就是叫我們要以仁待人。換句話說，人與人相待，一定要有仁的風範。還有一句話說：「仁者無敵。」仁者憑什麼無敵？因為在仁的領域，講究「慈」；在慈的領域，講究「愛」。

林則徐曾做《十無益》，講人生十大無益之事，首件便是：

「父母不孝，信神無益。」孟子也說：「敬人者人恆敬之。」換句話說，不愛人者，愛神無益。這些話語，就是告訴我們，不要去追求那些虛無飄渺之事，而是深切地去思量仁、腳踏實地的敬。反省自己與人之間的互動，是不是真的落實了慈？是否深入了愛？這才是真正在人性上奮鬥，而不是如同有人喜歡在水裡冒險、山上冒險、空中冒險，或在速度上冒險，冒險到最後得到什麼呢？得到的只是危險，回過頭來還是沒有辦法跟人打成一片！

古人說：「仁者樂山，智者樂水。」這個「樂」就如同是我感受到的，很快樂的樣子。可是有多少人到山上、或到水裡真的感到快樂呢？往往到水裡，是因為在山上待膩了；喜歡到山上去的，也常是因為跟人群沒辦法融合；而回到人群，又是因為離不開人群。這種心態，太卑微了！

真正的修行，一定要學習跟人群融合。到山上是因為樂山，到水裡是因為愛水，處處能夠融入現實，而非處處逃避，這樣我們才是真正的冒險家，也才能真的看到「仁者」風範，以至於達到「仁者」的境界。

李鳳山師父修養心法

思量仁，
踏實敬，
落實慈，
深入愛。

謙卑之道

聽師父日月談
掃描 QR Code

今天我們來探討一個題目，所謂「強時處謙，弱時處卑」，也就是說，在強的時候要處在謙虛狀態，在弱的時候要處在卑下狀態。

以前我們在軍中，常有這樣的事。有一種人，看起來傻里傻氣的，人家老覺得他笨頭笨腦，可是說也奇怪，他反而平步青雲、平平安安；反之，有些人非常聰明，卻老是升不上來，平時喜計較，心中老有一股怨氣。當然還有一種人，也讓人心裡不快，就是那種閒散、玩世不恭的人，但是因為他們的關係好，也能夠混到某種程度，可是只能到某種程度而已。這些情況，我們在軍中看得太多了。

我講這些的目的，就是希望大家不要走冤枉路，我們一定要懂得什麼是謙卑。當你覺得自己夠強、有自信的時候，一定要處在謙虛的狀態，把這個「謙」字放在最前面；但是當你缺乏自信、不夠強大時，要讓自己處在卑下。人最難以長進的地方就在：有了自信，就很強悍、驕傲；唯若缺乏自信，又讓人覺得你很霸道、或太自卑。

如果不注意，因為過度自卑，變成自大，這樣就不可收拾了！因為年紀愈大，愈是難以轉換；愈是老大不小，愈是聽不進去，這才可怕。習氣永遠改不掉，就算改，也是造作。一旦造作，還要經過很多考驗；就算人不給你考驗，環境也會考驗你，考驗更會把人逼瘋！

人與人之間是非常敏銳的，所以強的時候要處謙，弱的時候要處卑。如果強時更顯強勢，弱時還爭強，沒有人能夠接納。我們一定要把所有的習氣改掉，真正地改，若以利用跟造作的心態來面對大眾，會把社會搞混亂，終究還是失敗的。

李鳳山師父修養心法

強時處謙，
弱時處卑，
習氣真改，
通過考驗。

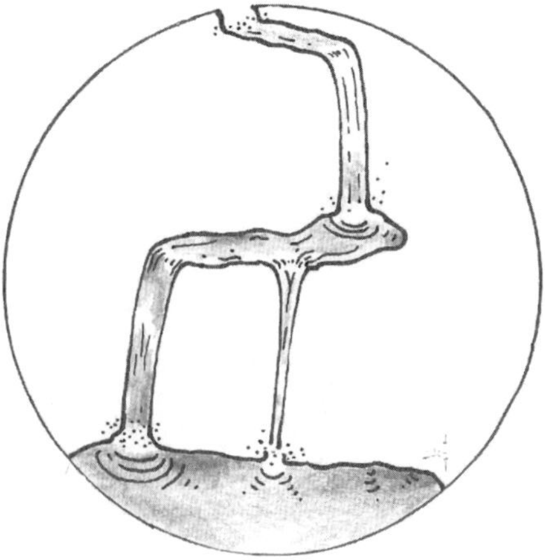

樂天知命

聽師父日月談
掃描 QR Code

今天咱們來談樂天知命。蔣夫人走的時候，我跟學生聊起，她老人家能夠得到善終的原因，就是因為她樂天知命。學生便問：「要怎樣才能樂天知命？」

孔子曾說：「五十而知天命。」往前推是「四十而不惑」，「三十而立」，再往前則是「吾十有五，而志於學」。問題是，現在十幾歲的孩子，有幾個人知道什麼是「志於學」？通常都不了解，所以到了三十歲，也立不起來。如果一個人真能在十幾歲時志於學，到了三十歲，自然也就能立了；立後，始能不惑；不惑之後，才能達知天命的高度境界。

那什麼是「天命」？從自然中流露出來的就是「天命」。那什麼叫「道德」？老子講得很清楚，道德就是「自然」，也就是說，凡是違背自然者，都是不道德的。

比方說，有些人，抓到機會就想結婚。曾經有位學生很想結婚，一副說什麼都要結婚的樣子。好不容易結了婚，我們就請他一起跟我們研究治國平天下的道理。他就說：「古人講『齊家而後才能治國，治國才能平天下』，我現在的家還沒弄好，怎麼能夠研究平天下？」我說：「那你就錯了。所謂修身、齊家，當初想結婚的時候，身體修好了沒有？身沒修好，憑什麼成家？這道理是一樣的。」他於是啞口無言。人往往在要時，找很多理由要；不要時，再找很多理由不要。

在修行的路上，我們盡量以身作則，按部就班，自然就能做到樂天知命。只要學會先多為大眾著想，再替自己人著想，我相信大家都會知道做什麼、為什麼做、以及該怎麼做，而達到樂天知命的最高境界。

李鳳山師父修養心法

知其天命，保持樂觀；
以身作則，按部就班。

活的學問

聽師父日月談
掃描 QR Code

各位有沒有發現，幾乎所有的宗教都講戒律。有些人會嘗試守戒律；有些人一聽到戒律，就逃之夭夭，覺得戒律就好像一個緊箍咒，一唸，腦袋就疼。所以，我們教學生，會從另一方面來探討什麼是戒律，讓大家對於戒律不會感到畏懼。

所謂「戒不如節，節不如解」，也就是說，守戒當要懂得守節，守節更要懂得化解。我們從戒律的領域，告訴大家什麼是守節；從守節的領域，去享受戒律。如果不知守節，就去守戒，談何容易？要去了解戒律中有節度，以致知節而解。在節度上面下功夫，當明白了，自然就能夠守節了；從守節的慣性中，也就自然生出了戒律。

所以，一個人如果真能夠守得住戒律，自然地就懂得守節；守節養成習慣，自然也愈能知道當下如何化解問題，也就不會守了一個冥頑不靈。如守到最後，變得聖潔，此時，很多事情，不管是什麼不乾不淨的事，只要碰上，一經聖潔的心與純粹的行，無一不能化解。

這就是「修行在生活，生活在修行」的道理，一切都能活出來。如果守戒守得不知通情達理，或是把戒律當成緊箍咒，就把自己釘住了。我們講生活，就是活生生的——既要生，就得活。不管是「戒」、「節」、「解」，都要活出來，而能把它運用自如，一個人不管是心思、或行動，才能活得生生不息！

李鳳山師父修養心法

修行在生活，
生活在修行。
由解而節戒，
活出大自在！

貪於內在

有人問我，如何能夠不貪？但我告訴他：「也不是不能貪，而是看貪在什麼地方？」就像我常跟學生講，什麼是「戒」？「戒」，一則以戒律，二則以節制，再則以化解；意思就是，「戒不如節，節不如解」。如果都能做到，我們整個就活開來，也就能活學活用了。

聽師父日月談
掃描 QR Code

什麼是「解」？解就是解意、化解。只要通了，什麼事情都能解決；如果不通，早晚還是出問題。所以我們命令一個人做事，倒不如「教育」一個人做事；教育成功了，他永遠知道什麼是規矩，不會出問題。如果只是命令，當此令失利時，他就無法堅守，也容易出問題。

咱們講「貪」，有往外貪，還有往內貪。當我們虛心地、拚命地反求諸己，可以說就是往內貪；若拚命地往外發展，不求內在的充實，就是往外貪。有本事我們要往內貪，不要往外貪，等到內在充滿時，該怎麼做、需要什麼、要多少？心裡比誰都明白，該有的自然會有，不需要特別往外求。

「貪」還有往上貪、往下貪。所謂的「尊卑觀」，天尊地卑，上尊下卑，是天經地義的道理。如果我們體認不到這一點，世界就亂了！想想看，如果每一個人都處在「卑」的領域，這個世界就是「尊」；如果大家都想當「尊」，那這個世界就是「卑」了！回過頭來看我們自己，一個始終想當「尊」的人，顯現不出什麼是「尊」；一個真正懂得「卑」的人，反而能顯出他的「尊」。這裡面學問很大，值得大家深思。

李鳳山師父修養心法

虛懷若谷，反求諸己。
內在充滿，外在充實。

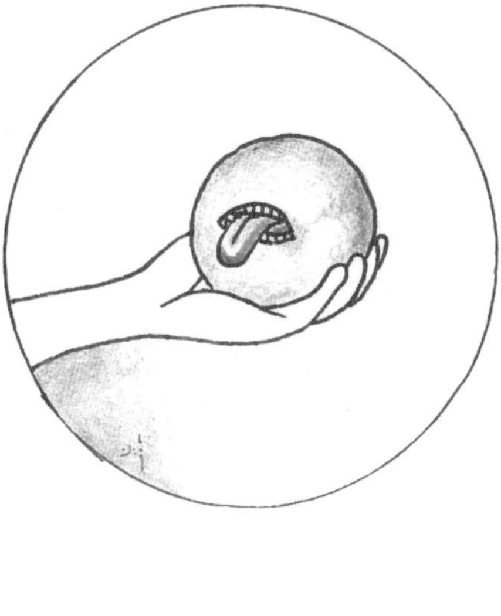

瞋於正直

聽師父日月談
掃描 QR Code

今天咱們來研究什麼是「瞋」。「瞋」就是脾氣上來了，我們講到貪瞋痴的「瞋」，就是發怒。發怒的道理其實跟「貪」一樣，不是不能貪，要看貪在什麼地方？不是不能瞋，要看瞋在什麼地方？

有學生跟我聊天時，就問：「為什麼寺廟裡的神，常顯發怒的像？比如『怒目金剛』、『鍾馗捉妖』、『哼哈二將』，都是以恐怖的臉色現形。感覺上佛陀、菩薩，看起來都是慈眉善目的。」

顯現怒像，就是要告訴大家，邪不勝正！這個世界上既然有邪，當然要以正來抵禦；如果沒有那股煞氣，也無法把邪氣趕走。

就好像我們練功、打拳。很多小朋友沒有來練功之前，長年都是病懨懨的，也常吃藥、打針，可是當他到我們這兒來練功後，許多毛病，都能不藥而癒，往後也不用再吃藥了。這個原因在哪裡呢？就是孩子們練功，培養了一股正氣，令邪氣不易侵入。

古人說：「浩然正氣。」光看一個人的行為舉止就可以感受得到。比方說有人說話溫吞，看人眼也不正，兩眼無神或飄來飄去，你就會感到他沒什麼浩然正氣。正氣是一種威嚴，若「瞋」裡有正，正裡有直，能夠不偏不倚，展現正直，才是瞋得可以！

李鳳山師父修養心法

瞋裏有正，
正裏有直，
不偏不倚，
瞋得可以。

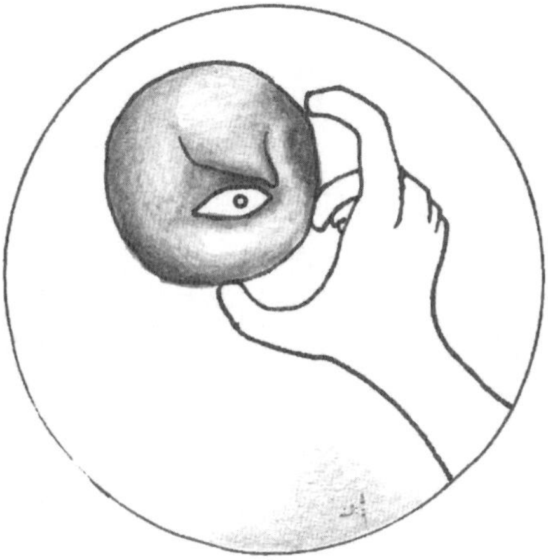

痴出深度

聽師父日月談
掃描 QR Code

有一位師姐很生氣地跟我抱怨，說有人叫她「花痴」，因為她談感情很難自拔。我跟她說，也有人笑我是一個武痴。這個貪瞋痴的「痴」，跟其他的感覺是一樣的，也就是看痴在什麼地方？不管是花痴、武痴、或文痴，最重要的是不要鑽牛角尖，免得走進死胡同。

藝術家不痴，沒有辦法成就偉大的藝術作品！科學家不痴，沒有辦法成為創作家、發明家。所以重點是，我們要懂得什麼是「痴」的功夫，不鑽牛角尖，把範圍擴大，海闊天空，才會痴得有效果！

「痴」，其實是一種專注，在專注裡面擴大範圍，讓知識領域變得廣而長。我們研究任何東西，如果越能延長它的生命力和傳承力，長了學問，還能歷久不衰，痴起來才有意義。所以說，我們痴什麼呢？痴在既「廣」就要「長」，既「長」就要「深」。任何事情，如果鑽不出來，就不能再鑽了；若真的痴起來，也就沒什麼意思了！

我們講「貪瞋痴」，如果只是叫人不貪、不瞋、不痴，說實在的，讓人憋在那兒，一旦碰到事情，有時反而更貪、更瞋、更痴；如同有人守戒，結果卻開戒了。所以我說「戒不如節，節不如解」，戒、節、解，三者並用，才是開明修煉的大學問。

李鳳山師父修養心法

擴大範圍，專注探討；
痴出深度，傳承廣長。

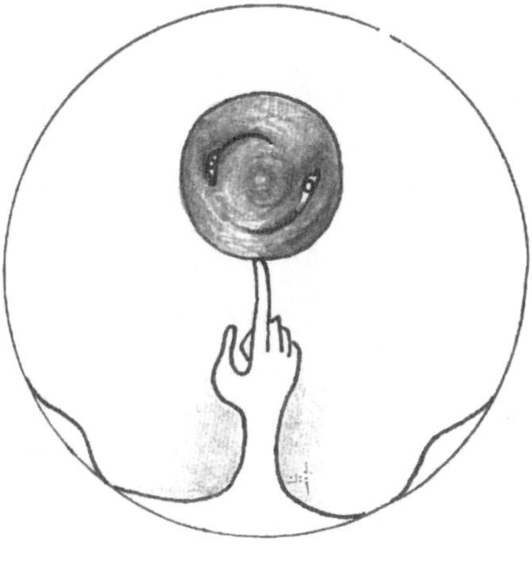

自我控制

聽師父日月談
掃描 QR Code

曾經有一回，《中國時報》做了一份民調，發現大選之後，台灣至少有一、兩百萬人產生情緒問題，有的兄弟失和、彼此打架；也有夫妻鬧離婚，還有部屬跟長官意見分歧而不聽令的，林林總總，都被稱為「選後症候群」。這個問題，怎麼去平復呢？

人與人之間的互動，不管是夫妻、兄弟姊妹、朋友，為了一次的選舉大打出手，都是一個天大的錯誤。就像我們曾經看國外的報導，一些為和平而示威的人，一手舉著反戰的示威牌，一手拿起棍子跟警察、憲兵打架。各位您想想，這像話嗎？喊著愛好和平的口號，卻在自己的國家跟自己人打架，這不是太奇怪了嗎？打仗跟打架有什麼不同呢？五十步笑一百步罷了。甚至於我們還要深思，吵架跟打架又有什麼不同？也是相同的！我們要掌握住這個感覺，不但要知如何擇善，還要懂得自我控制。

有時候，人往往還有一個弱點，就是擇善固執，多以控制別人為目的，而不是控制自己，於是就可能發生很大的衝突；如果我們不想讓衝突發生，就要做到自我控制。這其實不難，就在「忍讓」兩個字，這種胸懷，是每個人都應秉持的！

以前有那麼一個故事。有一位徒弟問師父：「當我們實在忍無可忍的時候，怎麼辦？」師父只講了一句話：「再繼續忍下去！」就是這麼簡單，但這個「忍」，做起來可不容易啊！讓我們能真正做到自我控制的最高明的方法，就是當忍到無可忍時，便福至心靈地產生了知性。要相信，人人都有此種能力，再忍一下就知道了。

李鳳山師父修養心法

忍無可忍繼續忍，
福至心靈知性生。

反觀內省

今天我們來研究反省的功夫。

修行的觀念有所謂的「反觀內照，反觀內省」，就像曾子說的：「吾日三省吾身。」我們最好養成時刻反省的習慣，不要累積到最後關頭才想要反省，這時候可能已經來不及了！可是很多人都說：「我每天從早忙到晚，來不及反省；要反省的

聽師父日月談
掃描 QR Code

時候，已經累到呼呼大睡了……」

想要解決這個問題，靠平常的鍛鍊很管用！如果平常有練功的習慣，每天上床之前先練好了，或者是在床上坐一會，把自己放輕鬆了，盡量什麼都不想，就能達到反觀內照的效果。

很多人都有這個經驗。累了，直接就睡，有時候根本睡不好，醒來還是覺得累；而有時候，愈想靜下來，就愈靜不下來。這時別急著睡，做一點反省的功夫。

我們可以專心地想一件事情，盡量把它想通，想到有睏意時，再慢慢地躺下去，有時答案就會在夢中出現。如果始終是胡思亂想，想到最後，念頭還是亂的，就算做夢也是片段、混亂的，無法達到反觀內省的效果。

總而言之，平常的鍛鍊非常重要。練功可以幫助我們穩定身心，就算再累、再疲倦，都不會落下「三省吾身，反觀內照」的功課。

李鳳山師父修養心法

每日反觀內省，
修行的基本功。

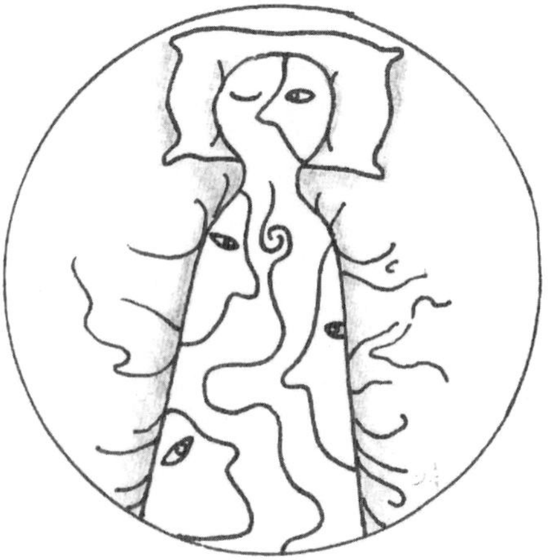

忍的修煉

聽師父日月談
掃描 QR Code

有一位學生跟好朋友吵架了，我問他怎麼回事？原來是兩人支持不同的候選人，講到熱烈處，雙方一時嚥不下這口氣，祖宗八代都搬出來了，於是一發不可收拾！

我聽了就跟學生說：「我們練功的人，自我控制力一定要比常人更堅強，尤其與人互動，要能忍讓。」就像我之前說過：

「忍無可忍的時候，就再繼續忍下去！」學生就問：「那要忍到什麼時候？」

忍的學問，並非不動，而是有節奏的。有時忍一分、兩分、甚至三分還可以，到了四分、五分、六分，那可能就要有問題了。所以無所謂忍無可忍，因為要到忍無可忍，表示我們的智慧還不夠。

有些人會說：「我並沒有錯啊？我理直氣壯，站得住腳！」於是就再也忍不下去了。

有時候我們要考量個人的修養，是否還不到急中生智的境界？一位智者，當忍到一定程度時，常會豁然開朗；可是糊塗的人，一急就自亂陣腳。我就看過有些人，天生有領導力，處亂的時候，能夠自統、自治、自控，使人能夠信服。

所以，一切都在自己。修養到家了，就能忍到煙消雲散，而不是自己奄奄一息了。

李鳳山師父修養心法

忍之節奏，掌握三分；
忍到極致，提升修養。

尊卑觀念

聽師父日月談
掃描 QR Code

電視上，經常報導一些毀謗、對罵的新聞，彷彿人與人之間，已經忘了尊重，這種現象令人非常感慨。當我們的社會經常表現出上下不分、黑白不明，做下屬的老是對上司有很大的不滿，做主管或長官的又難以善解人意，我們如何教育下一代「懂得尊重」就是最大的美德呢？

《易經》中有說：「天尊地卑，乾坤定矣。」天是尊，地就是卑；長輩是尊，自己就是卑，這是天經地義的道理。人一旦失去了尊卑觀，社會就失去了秩序。

我經常教導學生，把這個世界的人一分為二：不是老師，就是學生。比方說，長輩是老師，我們就是學生；我們跟大家授課，我是老師，聽的人就是學生；但是私底下我們交往，你有什麼專長，我跟你學，那麼你就是老師，我就是學生。

一般來講，父母、長輩是老師，孩子、晚輩就是學生，但也不是全然固定。孩子有時神來一筆，值得我們學習，那他當下就是老師，我們就是學生。

不管地位多大、學問多高，有時候也要切磋、請教，才不會故步自封。

如果大家都有尊卑觀，彼此虛心學習，真誠交往，這個世界就太平了。如果失去了尊卑，亂象恐怕就會日益嚴重了！

李鳳山師父修養心法

天尊地卑，人尊我卑；
尊卑失格，社會失序。

不執有無

聽師父日月談
掃描 QR Code

咱們今天來研究如何忙而不煩、閒時不慌？有些人活得很矛盾。怎麼說呢？忙時覺得煩，閒時又發慌，高不成，低不就，說穿了，就是潛意識的逃避和矛盾。

高的事情做不來，低的事情不願做，這就是所謂的「高不成，低不就」。但是，另有一種人，給高的事情，能保持高度虛心的學習；給低的事情，也能夠低聲下氣的落實，這就是修的精神！

修不一定要到山裡修，也不一定要到廟宇、教堂才能修。在生活中，無時無刻都在修；不但自己修，還能幫著別人一塊兒修！

修中有一言：「不可執於無，不可執於有。」也就是釋迦牟尼在《金剛經》講的：「一切有為法，如夢幻泡影，如露亦如電，應作如是觀。」

這種感覺就是，我們執於有或無，都不對，其實有一個辦法，既「有」，就往「有」裡走；既「無」，就往「無」裡做。

既然是「無」，就想想「有」的時候；既然「有」，也想想「無」的時候，這樣就不會在有時一味浪費、無時又一籌莫展。

所以，不執於有，也不執於無，才是高境界的修養。這種觀念，可得靠自己在落實中好好地悟啊！

李鳳山師父修養心法

忙時不煩，閒時不慌；
不執有無，兩般皆可。

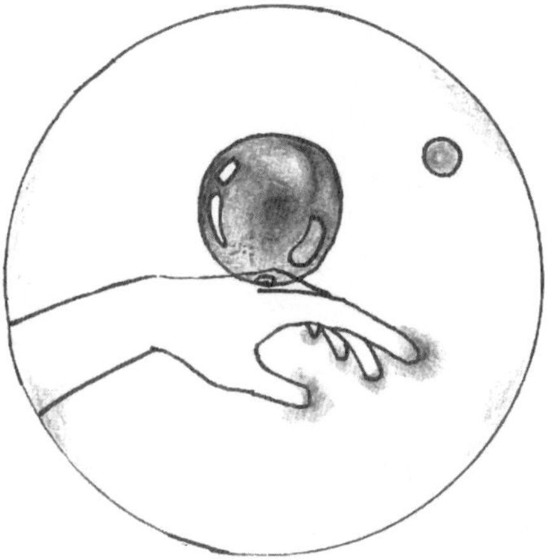

【附錄❶】

李鳳山師父引領～「平甩功」

◎動作說明

❶雙腳與肩同寬，平行站立。

❷練功前，先靜站調息，鼻吸鼻吐，全身放鬆。

❸緩緩張開眼睛，雙手平舉至胸前，與地面平行，掌心朝下。（圖一）

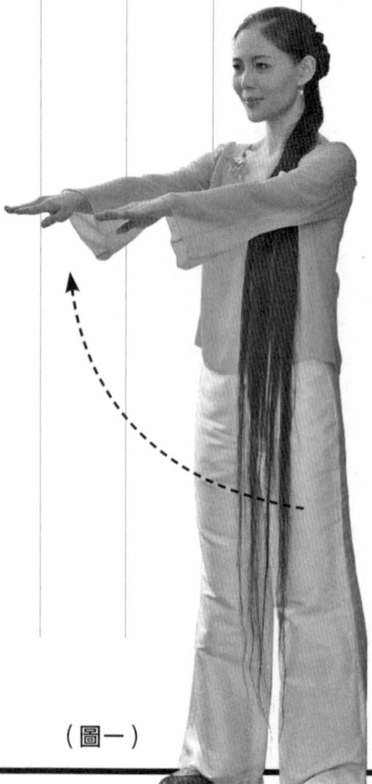

（圖一）

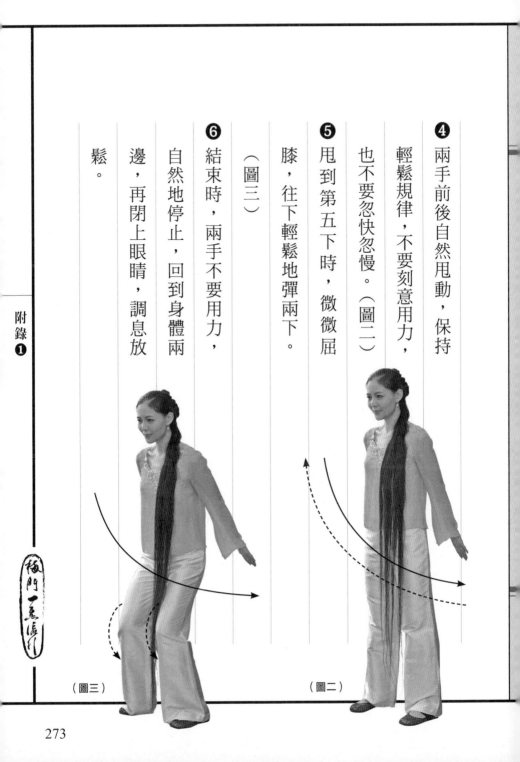

❹兩手前後自然甩動，保持輕鬆規律，不要刻意用力，也不要忽快忽慢。（圖二）

❺甩到第五下時，微微屈膝，往下輕鬆地彈兩下。（圖三）

❻結束時，兩手不要用力，自然地停止，回到身體兩邊，再閉上眼睛，調息放鬆。

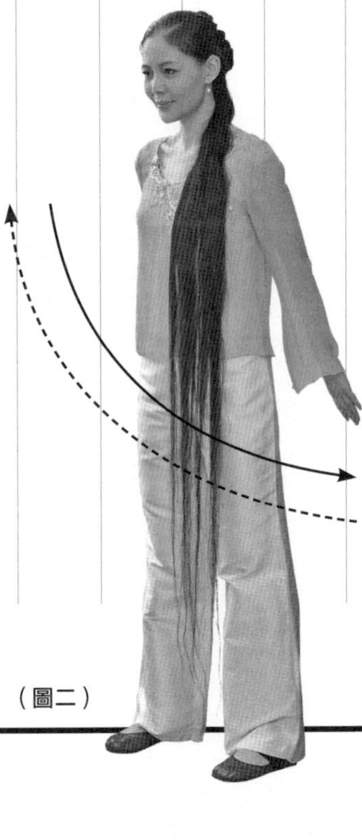

（圖二）

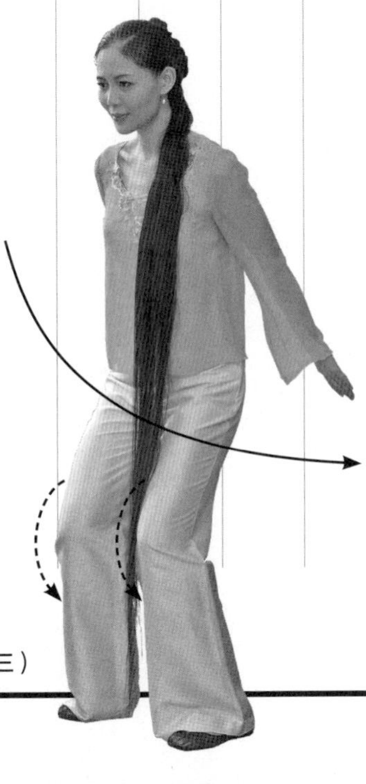

（圖三）

◎**平甩要點**

❶不取巧、不求快、不貪功。

❷腳踏實地，呼吸自然，速度和緩，保持規律。

❸雙手不用力，左右保平衡。

❹屈膝往下彈時，視個人自然狀況，調整高蹲或低蹲。

❺每回至少甩十分鐘，若能甩到三十分鐘，效果更好。

❻練功前後，喝些溫開水，有助全身循環暢通。

（＊細解平甩功相關著作，請洽商周出版）

「梅門文化基金會」簡介

「梅門一氣流行」，創設於一九八九年。在修養明師李鳳山師父主持下，依循中國傳統「動靜並修、內外兼養」之鍛鍊法則，將中國傳統導引術——即今所稱「氣功」，結合武術、醫道與修行，融入生活中，循序漸進教導學員放鬆身心，調養自身，真修實煉，提升個人整體健康；並行腳下鄉，深入各大學校、醫院、機關團體、鄰里社區，舉辦各項公益普傳活動，積極推動全民健康。近年來，梅門更接受海外多方邀約，進行

「全球健康甩・甩出和平來」活動。

梅門長年致力於闡揚中華文化，透過大型功夫舞台劇演繹中華武學之美，推廣文武合一修養之道；同時將中國老祖宗脈脈相傳的「禮、樂、射、御、書、數」古六藝，推演到「食、衣、住、行、育、樂」現代六藝領域，成立淨素飲食聯盟引導大眾認識食／飪養文化；重新展示中華衣飾，並匯聚百工百藝、提供藝術家創作發表平台，更於二〇〇九年設立「梅門德藝天地」，引領生活美學，帶動養生文創新風潮。

因緣成熟，二〇一五年「梅門文化基金會」在各方善緣挹注下成立，承繼「教養生、傳文化、辦教育、推休閒」志業，以人為本、以厚實的文化為底蘊、以平甩為法，積極推動終生學習、健康自助之道，幫助大眾建立文化素養及養生修行觀，獨善其身，而能兼善天下，共同促成世界大同之和平願景。

梅門各地授課 & 餐飲聯盟資訊

一、梅門全台各地授課／服務地點

台北東門館	台北市中正區信義路 2 段 189 號（捷運東門站 7 號出口）	(02)2321-6677
台北西門館	台北市中正區延平南路 85 號 3 樓（捷運西門站 4 號出口，中山堂對面，合作金庫樓上）	(02)2331-5008
新北板橋館	新北市板橋區東門街 30 之 2 號 5 樓（捷運府中站 1 號出口）	(02)2271-0555
基隆	基隆市仁愛區延平街 7 號 3 樓（智仁里里民活動中心）	(02)2321-6677
宜蘭	宜蘭縣羅東鎮中正路 130 號 2 樓（羅東鎮農會中正辦事處樓上）	(03)956-1760
桃園	桃園市桃園區大連二街 10 號	(02)2321-6677
中壢	桃園市中壢區永樂路 42 號	(03)426-3474
新竹	新竹市東區東光路 192 號 B1（山燕科技大樓）	(03)574-5874
台中	台中市西區中美街 365 號	(04)2310-3188
台南	台南市中西區西門路二段 351 號 8F（西門圓環，凱基銀行樓上）	(06)228-2275
高雄	高雄市三民區九如二路 255 號 10 樓	(07)313-5995

二、梅門港澳地區授課地點

香港九龍佐敦	佐敦彌敦道 337-339 號金滿樓 6 樓 A 室（國際經典文化協會）
香港北角	北角英皇道 310 號雲華大廈 2 樓（嘉德麗幼稚園北角校區）
澳門	澳門宋玉生廣場 255 號中土大廈 9 樓（創新中學）

◎香港道場：深水埗長沙灣道 226 號金華大廈 4 樓 A 室（地鐵深水埗站 D2 出口）
電話：5548-3818（Wha's App ID）
服務時間：週一至週五 下午 4:00~8:00（公眾假期休息）

＊每月第三週上課，詳情請洽梅門台北或香港服務據點。香港道場係由一群熱心義工排班服務，到訪前敬請預約，也歡迎各界邀約平甩講座。

三、梅門餐飲聯盟／各餐廳資訊

防空洞	台北市中正區延平南路 87 號 B1（捷運西門站 4 號出口，中山堂對面，合作金庫地下一樓）	(02)2389-7788
食踐堂	台北市信義區松仁路 28 號 B2（Bella Vita 寶麗廣場 B2，捷運市政府站 3 號出口）	(02)8729-2734
大山象樂	台北市中山區樂群三路 299 號 1 樓（捷運劍南路站）	(02)2532-0909
六調通	台北市中山區林森北路 107 巷 69 號	(02)2563-3838

國家圖書館出版品預行編目資料

養心日月談：迎進正向能量，開啟靈性生活 / 李鳳山著. -- 初版. -- 臺北市：商周出版：家庭傳媒城邦分公司發行, 2017. 03
面； 公分. -- (李鳳山作品集；7)
ISBN 978-986-477-215-5 (平裝)

1.修身 2.生活指導

192.1　　106003768

李鳳山作品集 07

養心日月談——迎進正向能量，開啟靈性生活

作　　者／李鳳山
出版企畫／財團法人梅門文化基金會
卷名繪畫／吳開乾
插　　畫／陳煒
責任編輯／林淑華
協力編輯／黃琬珺、吳備齊

版　　權／黃淑敏、吳亭儀、江欣瑜
行銷業務／周佑潔、黃崇華、張媖茜
總 編 輯／黃靖卉
總 經 理／彭之琬
事業群總經理／黃淑貞
發 行 人／何飛鵬
法律顧問／元禾法律事務所 王子文律師
出　　版／商周出版
台北市104民生東路二段141號9樓
電話：(02) 25007008　傳真：(02)25007759
E-mail：bwp.service@cite.com.tw
發　　行／英屬蓋曼群島商家庭傳媒股份有限公司城邦分公司
台北市中山區民生東路二段141號2樓
書虫客服服務專線：02-25007718；25007719
服務時間：週一至週五上午09:30-12:00；下午13:30-17:00
24小時傳真專線：02-25001990；25001991
劃撥帳號：19863813；戶名：書虫股份有限公司
讀者服務信箱：service@readingclub.com.tw
城邦讀書花園 www.cite.com.tw
香港發行所／城邦（香港）出版集團
香港灣仔駱克道193號東超商業中心1樓_ E-mail : hkcite@biznetvigator.com
電話：(852) 25086231　傳真：(852) 25789337
馬新發行所／城邦（馬新）出版集團【Cite (M) Sdn Bhd】
41, Jalan Radin Anum, Bandar Baru Sri Petaling, 57000 Kuala Lumpur, Malaysia.
Tel：(603) 90578822　Fax：(603) 90576622　Email: cite@cite.com.my

封面設計／行者創意
排版設計／林曉涵
印　　刷／中原造像股份有限公司
經 銷 商／聯合發行股份有限公司
新北市231新店區寶橋路235巷6弄6號2樓　電話：(02) 2917-8022　傳真：(02)2911-0053

■2017年 3 月28日初版
■2021年12月 8 日初版5刷
定價320元

Printed in Taiwan

城邦讀書花園
www.cite.com.tw

線上版讀者回函卡